Economia aplicada

Central de Qualidade — FGV Management
ouvidoria@fgv.br

Publicações FGV Management

SÉRIE GESTÃO EMPRESARIAL

Economia aplicada

9ª edição

Antonio Carlos Pôrto Gonçalves
Robson Ribeiro Gonçalves
Ruy Santacruz
Virene Roxo Matesco

FGV management
FGV EDITORA

ISBN — 978-85-225-0791-7

Direitos desta edição reservados à
EDITORA FGV
Rua Jornalista Orlando Dantas, 37
22231-010 — Rio de Janeiro, RJ — Brasil
Tels.: 0800-021-7777 — 21-3799-4427
Fax: 21-3799-4430
e-mail: editora@fgv.br — pedidoseditora@fgv.br
web site: www.fgv.br/editora

Impresso no Brasil / *Printed in Brazil*

Este livro foi editado segundo as normas do Acordo Ortográfico da Língua Portuguesa, aprovado pelo Decreto Legislativo nº 54, de 18 de abril de 1995, e promulgado pelo Decreto nº 6.583, de 29 de setembro de 2008.

1ª edição — 2003; 2ª edição revista e atualizada — 2003; 3ª edição revista e atualizada — 2004; 4ª e 5ª edições — 2005; 6ª edição revista e atualizada — 2006; 7ª edição — 2006; 1ª e 2ª reimpressões — 2007; 8ª edição — 2008; 1ª e 2ª reimpressões — 2008; 3ª , 4ª e 5ª reimpressões — 2009; 9ª edição — 2010; 1ª, 2ª, 3ª e 4ª reimpressões — 2010.

Revisão dos originais: Izabel Buarque

Editoração eletrônica: FA Editoração Eletrônica

Revisão: Marco Antonio Corrêa e Andrea Bivar

Capa: aspecto:design

Ilustração de capa: Mario Guilherme V. Leite

Gonçalves, Antonio Carlos Pôrto
Economia aplicada / Antonio Carlos Pôrto Gonçalves, Robson Ribeiro Gonçalves, Ruy Santacruz, Virene Roxo Matesco. — 9. ed. — Rio de Janeiro: Editora FGV, 2010.
152 p. — (Gestão empresarial (FGV Management))

Abaixo do título: Publicações FGV Management.
Inclui bibliografia.

1. Economia. I. Gonçalves, Robson Ribeiro. II. Santacruz, Ruy. III. Matesco, Virene Roxo. IV. Fundação Getulio Vargas. V. Título. VI. Série.

Aos nossos alunos e aos nossos colegas docentes,
que nos levam a pensar e repensar nossas práticas.

Sumário

Apresentação

Este livro compõe as Publicações FGV Management, programa de educação continuada da Fundação Getulio Vargas (FGV).

Instituição de direito privado com mais de meio século de existência, a FGV vem gerando conhecimento por meio da pesquisa, transmitindo informações e formando habilidades por meio da educação, prestando assistência técnica às organizações e contribuindo para um Brasil sustentável e competitivo no cenário internacional.

A estrutura acadêmica da FGV é composta por oito escolas e institutos: a Escola Brasileira de Administração Pública e de Empresas (Ebape), dirigida pelo professor Flavio Carvalho de Vasconcelos; a Escola de Administração de Empresas de São Paulo (Eaesp), dirigida pela professora Maria Tereza Leme Fleury; a Escola de Pós-Graduação em Economia (EPGE), dirigida pelo professor Renato Fragelli Cardoso; o Centro de Pesquisa e Documentação de História Contemporânea do Brasil (Cpdoc), dirigido pelo professor Celso Castro; a Escola de Direito de São Paulo (Direito GV), dirigida pelo professor Ary

Oswaldo Mattos Filho; a Escola de Direito do Rio de Janeiro (Direito Rio), dirigida pelo professor Joaquim Falcão; a Escola de Economia de São Paulo (Eesp), dirigida pelo professor Yoshiaki Nakano; o Instituto Brasileiro de Economia (Ibre), dirigido pelo professor Luiz Guilherme Schymura de Oliveira. São diversas unidades com a marca FGV, trabalhando com a mesma filosofia: gerar e disseminar o conhecimento pelo país.

Dentro de suas áreas específicas de conhecimento, cada escola é responsável pela criação e elaboração dos cursos oferecidos pelo Instituto de Desenvolvimento Educacional (IDE), criado em 2003 com o objetivo de coordenar e gerenciar uma rede de distribuição única para os produtos e serviços educacionais produzidos pela FGV, por meio de suas escolas. Dirigido pelo professor Clovis de Faro e contando com a direção acadêmica do professor Carlos Osmar Bertero, o IDE engloba o programa FGV Management e sua rede conveniada, distribuída em todo o país (ver www.fgv.br/fgvmanagement), o programa de ensino a distância FGV Online (ver www.fgv.br/fgvonline), a Central de Qualidade e Inteligência de Negócios e o Programa de Cursos In Company. Por meio de seus programas, o IDE desenvolve soluções em educação presencial e a distância e em treinamento corporativo customizado, prestando apoio efetivo à rede FGV, de acordo com os padrões de excelência da instituição.

Este livro representa mais um esforço da FGV em socializar seu aprendizado e suas conquistas. Ele é escrito por professores do FGV Management, profissionais de reconhecida competência acadêmica e prática, o que torna possível atender às demandas do mercado, tendo como suporte sólida fundamentação teórica.

A FGV espera, com mais essa iniciativa, oferecer a estudantes, gestores, técnicos — a todos, enfim, que têm internalizado o conceito de educação continuada, tão relevante nesta era do conhecimento — insumos que, agregados às suas práticas, possam contribuir para sua especialização, atualização e aperfeiçoamento.

Clovis de Faro
Diretor do Instituto de Desenvolvimento Educacional

Ricardo Spinelli de Carvalho
Diretor Executivo do FGV Management

Sylvia Constant Vergara
Coordenadora das Publicações FGV Management

Introdução

O objetivo deste livro é oferecer ao leitor um conjunto de conceitos econômicos úteis e mostrar suas interações. A economia é uma ciência complexa, mas fundamental para a compreensão do ambiente onde as instituições privadas e governamentais atuam. Nosso propósito aqui é o de facilitar este entendimento.

Um livro como este, sobre tema tão vasto, implica necessariamente uma escolha por parte dos autores a respeito do que é essencial. Assim, esperamos que esta escolha seja bem-sucedida, embora reconheçamos que outras alternativas também seriam bem interessantes.

O livro tem cinco capítulos, além desta introdução e da conclusão, abordando inicialmente as ferramentas básicas da análise econômica, que são importantes em si e também fundamentam os demais tópicos. O segundo capítulo trata dos conceitos para a mensuração da produção: PIB, PNB e assim por diante. No terceiro capítulo, os tópicos se prendem ao estudo da moeda e dos mercados financeiros, precedendo naturalmente o quarto capítulo, que versa sobre inflação. Finalmente, o quinto capítulo aborda os tópicos importantes ligados às relações externas da economia: balanço de pagamentos, regimes cambiais e efeitos de políticas econômicas sobre o equilíbrio externo.

1 Ferramentas básicas da análise econômica

Microeconomia e macroeconomia

Numa definição bastante geral, o objeto de estudo da economia são as relações materiais entre as pessoas, especialmente as realizadas nos mercados. Um fato básico para a ciência econômica é que os desejos materiais das pessoas são mais amplos do que a disponibilidade de recursos. Ou seja, não há um limite definido para os desejos materiais, mas existem limitações claras à produção dos bens e serviços necessários ao seu atendimento. O conflito entre os desejos ilimitados e as possibilidades limitadas resulta no mais importante problema analisado pela economia: a escassez e a consequente necessidade de escolha. E os mercados são, em geral, mecanismos ágeis e eficazes para lidar com a escassez e a escolha.

Mas definir a economia como uma ciência preocupada com a escassez e o funcionamento dos mercados resulta em um vasto campo de estudo. Por isso, esse campo costuma ser dividido em duas partes: microeconomia e macroeconomia. Ao contrário do que os nomes sugerem, a "micro-economia" não estuda os pequenos mercados e a "macro-economia" os grandes. De fato, a primeira considera o comportamento dos agentes econômicos definidos de forma específica: por exemplo, o mercado de carros, seus produtores e compradores. E a macroeconomia ocupa-se da economia como um todo, resultante das escolhas de muitos agentes. Uma análise do mercado de automóveis no Rio de Janeiro, em 2000, é tipicamente microeconômica. Podemos entrevistar os consumidores, traçar seu perfil, verificar como o crédito os influencia etc. E também caracterizar a atuação das empresas, a existência de cartéis, o *mix* de produtos ofertados e assim por diante. Já a discussão sobre a inflação no Brasil em 2000 é macroeconômica, pois não se refere ao preço de nenhum bem específico, mas a um conjunto de preços de bens e serviços. Do mesmo modo, a taxa de crescimento do PIB de um país avalia a evolução da produção como um todo, o que a torna um claro elemento da análise macroeconômica.

O ensino moderno da teoria econômica se dá, em geral, partindo da microeconomia (análise de mercados e agentes específicos) para, em seguida, considerar a macroeconomia (a resultante total da ação dos agentes econômicos, os mercados sendo analisados em bloco).

Construção da microeconomia

Ao estudar o comportamento dos agentes econômicos nos mercados, a microeconomia adota a perspectiva de otimização dos objetivos. Supõe que os consumidores procuram maximizar sua satisfação ao optar por comprar determinados bens e serviços, orientados pelas suas preferências e limitados pelos preços e a renda disponível. E as empresas buscam maximizar seus lucros, limitadas pela tecnologia de produção (os custos decorrentes de seu uso), a demanda e o ambiente de mercado (a concorrência). Combinando essas decisões otimizadoras, a microeconomia procura explicar como os preços se formam, qual o nível de produção de cada empresa, qual o montante de investimentos e assim por diante.

Dessa maneira, o estudo da microeconomia enfoca principalmente:

- o comportamento dos consumidores;
- o comportamento dos produtores e seus custos;
- o ambiente nos mercados onde os agentes negociam produtos e insumos, ou seja, a análise da concorrência.

Essas são as grandes questões microeconômicas, abordadas a seguir.

Custo de oportunidade

Um conceito de ampla utilização em economia, relacionado à ideia de otimização, é o de custo de oportunidade. Uma escolha ótima resulta na seleção da melhor entre as opções possíveis. Mas a decisão do demandante de comprar um bem significa abrir mão de outras possibilidades; a decisão do ofertante de produzir um bem implica não produzir outros. Isso porque os recursos à disposição dos consumidores e dos produtores são limitados (o fato da escassez). Um agente econômico precisa escolher e quando toma a decisão ótima não se arrepende, pois não deixou passar nenhuma oportunidade de estar mais satisfeito ou de obter um lucro maior.

Um consumidor que compra um bem, mas poderia comprar outro, incorreu num custo de oportunidade. O bem comprado lhe dá satisfação, mas o que deixou de comprar foi uma oportunidade que também lhe daria satisfação. O custo de oportunidade de escolher o primeiro bem é a satisfação perdida por ter desistido da melhor alternativa seguinte à escolha que fez. Do mesmo modo, uma empresa que oferece um bem A obtém lucro com a venda. Mas se houver um bem B, que poderia produzir e lhe daria lucro, há um custo de oportunidade mensurado pelo lucro que a empresa deixou de obter com B. O custo de oportunidade permite comparar o que se obteve (satisfação ou lucro) e o que se deixou de obter. A melhor opção seguinte determina o custo de oportunidade da decisão tomada e, naturalmente, o agente econômico otimizou se a satisfação ou lucro com a sua escolha tiver sido maior do que o custo de oportunidade.

O interessante é que acordamos com o custo de oportunidade todos os dias. Quando o despertador toca, pensamos na melhor escolha a fazer: dormir mais 10 minutos ou "pular" da cama e chegar ao trabalho no horário? Comparando a satisfação do sono extra com a de chegar cedo no trabalho, muitos travam o despertador e dormem mais 10 minutos!

Lei da demanda

Adotando uma abordagem analítica cartesiana, a microeconomia estuda o funcionamento dos mercados considerando separadamente o comportamento dos demandantes e dos ofertantes, sobretudo em relação a duas variáveis fundamentais: preços e quantidades. Em seguida reúne as teorias da demanda e da oferta em uma teoria sobre o funcionamento conjunto de ambas, ou seja, do mercado. Assim, de início é preciso formular, separadamente, uma teoria da demanda e outra da oferta.

O propósito da teoria da demanda é identificar os vários fatores que afetam a decisão de compra. Um aspecto central da teoria da demanda é a chamada "lei da demanda":

> Existe uma relação inversa entre o preço e a quantidade que os demandantes estão dispostos a comprar de um certo bem ou serviço.

Em outras palavras, se o preço aumentar e nenhuma outra variável se alterar (renda, condições de crédito, qualidade, *status* atribuído à compra, preços dos bens substitutos e complementares etc.), a quantidade que os demandantes desejam comprar será menor.

Na verdade, a demanda por bens de consumo depende de muitos fatores, como:

- as preferências dos consumidores e seu nível de informação;
- o preço do produto em questão;
- os preços de produtos relacionados (substitutos ou complementares);
- a renda dos consumidores;
- a disponibilidade de crédito;
- as políticas governamentais, como impostos e subsídios;
- as expectativas de renda e de preços futuros etc.

Entretanto, a teoria da demanda do consumidor se concentra, preliminarmente, em quatro desses determinantes: o preço do próprio bem, os preços de produtos relacionados, a renda dos consumidores e suas preferências, com ênfase na relação direta entre o próprio preço e a quantidade do bem que os demandantes se dispõem a comprar. Se tudo mais permanecer constante, a disposição dos demandantes de comprar relaciona-se inversamente com o preço do bem ou serviço. A curva de demanda pode então ser representada como uma linha negativamente inclinada em relação ao preço do produto: D_0 na figura 1.

Mas, o que ocorreria caso alguma das outras variáveis se alterasse? Por exemplo, se uma campanha de marketing bem-sucedida atraísse novos compradores ou se a renda dos consumidores nesse mercado aumentasse? Para cada preço, poderíamos ter maiores quantidades demandadas, ou seja, mais pessoas estariam dispostas a adquirir mais do bem em questão. A curva de demanda se deslocaria para D_2. De modo contrário, caso uma nova tecnologia tornasse o bem em questão obsoleto, ou um produto substituto atraísse os consumidores, para cada preço teríamos quantidades demandadas menores, deslocando a curva para D_1.

Figura 1

A CURVA DE DEMANDA E SEUS DESLOCAMENTOS

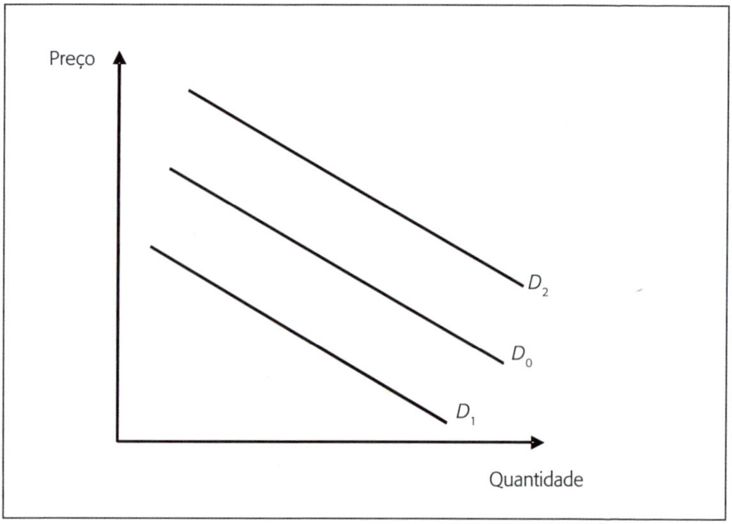

A queda no preço de um bem pode levar ao aumento na demanda por outros, se eles forem complementares (passagens aéreas e estadas em hotéis). Ocorre também que a queda no preço reduz a demanda por outros bens, se eles forem substitutos (carne de porco e carne de frango).

Em resumo, a curva de demanda expressa a relação entre os preços e as quantidades demandadas quando apenas o preço do bem em questão varia. Alterações em outras variáveis provocariam o deslocamento da curva de demanda. No caso específico da renda dos consumidores, se aumentasse, eles poderiam reduzir a demanda por certos bens chamados inferiores (talvez os bens "populares"), pois os substituiriam por bens mais sofisticados. Se acontecesse o contrário, a demanda aumentasse com o aumento da renda dos consumidores, o bem seria chamado de normal.

Elasticidades da demanda

O conceito de elasticidade tem um papel importante na análise da demanda e das decisões empresariais. Ele visa mensurar a sensibilidade da quantidade comprada às alterações nas variáveis que determinam a demanda. As duas elasticidades da demanda mais importantes são a elasticidade-preço (representada por e^{PD}) e a elasticidade-renda (por e^{RD}). Genericamente, a elasticidade da demanda é calculada da seguinte forma:

$$e^D = \frac{\text{variação percentual na quantidade demandada}}{\text{variação percentual no preço ou na renda}}$$

Como mostra a figura 2, nem todas as demandas reagem do mesmo modo às variações no preço. Quando o preço diminui de p_1 para p_2, a quantidade demandada na curva A aumenta menos que na curva B. Assim, a sensibilidade (elasticidade) a preço é maior para a curva B. O valor crítico para a elasticidade-preço é 1 (em valor absoluto, desprezando o sinal).

Se o preço diminui, digamos, 10%, e a quantidade demandada aumenta, por exemplo, 5%, teremos $e^{PD} = 0{,}5$ (desprezando o sinal). Isso significa que a demanda é pouco sensível a preço, como a demanda A da figura 2. Diz-se então que a demanda é inelástica ($e^{PD} < 1$).

Se o preço varia os mesmos 10% e a quantidade varia, por exemplo, 25%, teremos $e^{PD} = 2{,}5$. A demanda é bem sensível a preço e é chamada de elástica ($e^{PD} > 1$).

Figura 2

DEMANDAS ELÁSTICA E INELÁSTICA

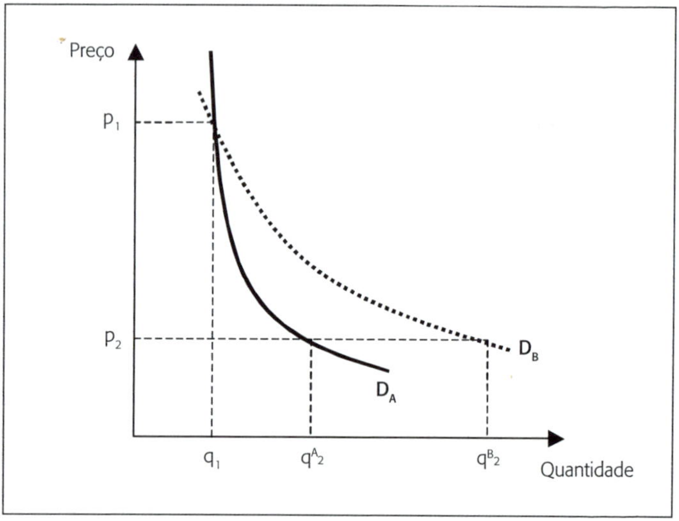

Há três fatores, não mutuamente exclusivos, que influenciam a elasticidade-preço da demanda:

- peso no orçamento — as pessoas são sensíveis às variações nos preços dos itens de maior peso em seus orçamentos. Reagiriam mais, em termos de reduzir a quantidade demandada, a um aumento de 15% no preço do sal ou a um aumento de 15% no preço da gasolina? Como gastam mais com gasolina, reagiriam mais às variações de preço desse último item. Pelo mesmo argumento, as pessoas pobres são bem sensíveis a preços, pois suas variações pesam muito em seus orçamentos;
- concorrência ou existência de substitutos — se houvesse um único bem de certo tipo, aumentos no seu preço quase não reduziram a demanda, devido à falta de opções substitutas. O mesmo ocorreria se houvesse grande fidelidade do

consumidor à determinada marca. Para ele não há substituto para a sua marca preferida, e a reação, em termos de menor quantidade comprada, seria pequena se o preço aumentasse;

- "necessidade ou essencialidade" — reagimos menos, em termos de quantidade comprada, às altas de preço dos remédios do que às altas de igual proporção nos preços de itens como assinaturas de revistas ou viagens internacionais. Isso porque os remédios são mais "essenciais" que os dois últimos, e não têm substitutos fáceis.

Por sua vez, a elasticidade-renda é útil para classificar os bens e serviços em normais ou inferiores. O valor crítico para a elasticidade-renda é zero.

No caso dos bens normais, se a renda aumentasse, a demanda também se elevaria. Na fórmula anterior teríamos variações positivas no numerador e no denominador. Por outro lado, se a renda diminuísse, a demanda diminuiria. Na fórmula teríamos variações negativas no numerador e no denominador. Em outras palavras, a e^{RD} dos bens normais é positiva. Quando nossa renda aumenta, aumentamos a demanda por filé-mignon, por minutos de telefonia celular e por sessões de cinema. São bens e serviços tais que a demanda varia junto com a renda.

No caso dos bens inferiores, se a renda aumentasse, a demanda diminuiria, pois seriam substituídos por bens mais sofisticados. E se a renda diminuísse, ocorreria o contrário. Na fórmula anterior, teríamos variações positivas divididas por negativas ou vice-versa. A e^{RD} dos bens inferiores é negativa. Muitos consumidores considerariam a carne de segunda como um bem inferior.

Lei da oferta

Vamos analisar agora o comportamento da oferta, supondo inicialmente a existência no mercado de um número elevado de empresas atuantes e de potenciais entrantes, para competir pelos clientes. Esse tipo de mercado é chamado de competitivo. Costuma-se dizer que as empresas em mercados competitivos são tomadoras de preço ou *price-takers*. Elas pouco afetam o preço de mercado do bem em questão, mesmo se variarem a quantidade que produzem, pois a produção de cada empresa é pequena em relação ao tamanho total do mercado. Nesse ambiente, elas não têm a possibilidade de cobrar preços muito diferentes entre si, se não houver uma diferenciação relevante entre os seus produtos. Já as empresas que atuam em oligopólio ou monopólio são chamadas de *price-makers*, pois conseguem impor seus preços variando a quantidade.

No caso de mercados competitivos, a teoria da oferta identifica as motivações que levariam os ofertantes a oferecerem bens e serviços no mercado. A lei da oferta afirma que:

> Existe uma relação direta entre o preço e a quantidade que os ofertantes estão dispostos a oferecer de um dado bem ou serviço.

Além do preço do bem, a disposição de ofertar é influenciada por outros fatores:

- a tecnologia de produção da empresa;
- os preços dos insumos;
- os preços de bens substitutos e complementares do lado da oferta;
- o número de concorrentes no mercado;
- as expectativas quanto ao futuro dos negócios;
- os tributos, os subsídios e a regulamentação do governo etc.

Se tudo mais permanecer constante, a disposição de ofertar um dado bem ou serviço relaciona-se positivamente com o seu preço. Isso porque preços maiores fazem com que valha a pena produzir mais, pois suplantam o custo de oportunidade dos insumos e das alternativas da empresa. A curva de oferta das empresas que atuam num mercado competitivo é uma linha positivamente inclinada em relação ao preço do produto, como O_0 na figura 3.

Figura 3

A CURVA DE OFERTA E SEUS DESLOCAMENTOS

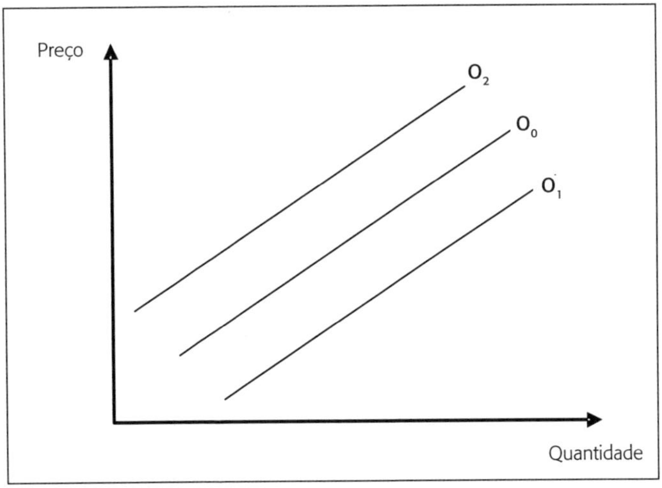

De modo similar ao caso da demanda, pode-se perguntar o que ocorreria com a oferta se houvesse alteração em outra variável que não o preço. Por exemplo, o aumento do número de empresas em certo mercado faria com que, para cada preço, houvesse maiores quantidades ofertadas, deslocando a curva de oferta para O_1. Por outro lado, uma elevação dos preços dos insumos faria com que aumentasse o custo de oportunidade, e os ofertantes reduziriam a quantidade ofertada, deslocando a curva para O_2. O mesmo tipo de deslocamento aconteceria com a curva de oferta de milho se aumentasse o preço da soja (substituta do milho para o produtor).

Em resumo, a curva de oferta mostra a relação entre os preços e as quantidades ofertadas quando apenas o preço do bem em questão varia. Alterações em outras variáveis (custos, número de empresas, preços de substitutos etc.) provocam o deslocamento da curva.

Elasticidade-preço da oferta

Assim como no caso da demanda, é possível medir a reação da quantidade ofertada de determinado bem ou serviço às variações no seu preço. A elasticidade-preço da oferta (e^{PO}) é a razão entre a variação percentual na quantidade ofertada e a variação percentual no seu preço.

$$e^{PO} = \frac{\text{variação percentual na quantidade ofertada}}{\text{variação percentual no preço do bem}}$$

A elasticidade-preço da oferta é positiva, uma vez que os agentes econômicos estão dispostos a ofertar mais quando há um aumento de preços. Uma característica interessante é que a elasticidade-preço da oferta de um produto é diferente no curto e no longo prazos. Para a maior parte dos produtos a quantidade ofertada no longo prazo é mais elástica (responde mais a preço) do que a curto prazo. Isso não significa que a quantidade ofertada não aumente no curto prazo, caso os preços se elevem. Ante elevações de preços, as empresas, de um modo geral, conseguem aumentar sua produção rapidamente utilizando mais um turno de trabalho, pagando horas extras etc. Em alguns setores, entretanto, a oferta no curto prazo pode ser quase totalmente inelástica (as quantidades ofertadas pouco se alteram, por mais que os preços variem). É o caso do mercado imobiliário (entre outros) representado na figura 4.

Considere o segmento de imóveis novos para uso residencial na cidade. Uma elevação nos preços não altera de imediato o número de imóveis produzidos e, portanto, a quantidade ofertada permanece inalterada. No entanto, com o passar do tempo, os preços mais elevados provocam um aumento no ritmo das construções, ou seja, um aumento da oferta no longo prazo. Do mesmo modo, a queda nos preços só resultará em um ritmo menor de lançamentos dentro de alguns meses (há todos os empreendimentos no *pipeline*). Assim, a oferta só reage às variações de preço, em mercados assim, a médio e a longo prazos.

Figura 4

CURVAS DE OFERTA DE IMÓVEIS A CURTO E A LONGO PRAZOS

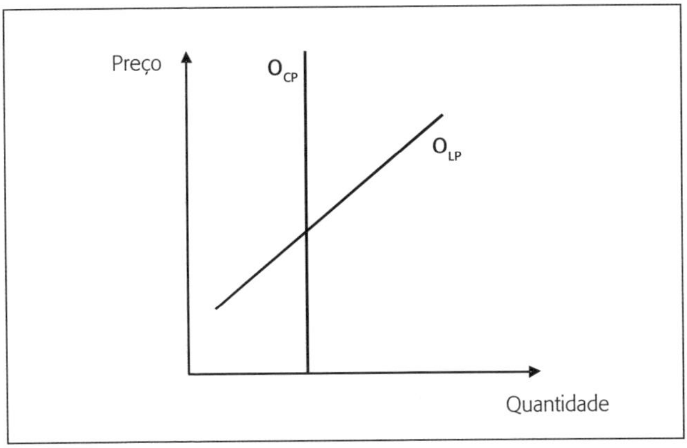

De modo similar, a demanda costuma ser mais elástica a longo prazo do que a curto prazo. Um consumidor pode comprar um carro mais econômico se o preço da gasolina aumentar, mas demora algum tempo para fazê-lo.

Equilíbrio de mercado: a lei da oferta e da demanda

Da interação entre as curvas da demanda e da oferta surge o preço de mercado, bem como a quantidade transacionada (simultaneamente ofertada e demandada). Um mercado competitivo tende a uma situação de equilíbrio, a qual pode ser definida como segue:

> O equilíbrio do mercado é atingido quando, a determinado preço, todos os consumidores dispostos a comprar, bem como todos os produtores dispostos a vender, atingem seus objetivos.

Uma questão importante: como o mercado atinge o equilíbrio? Ou seja, como as forças de oferta e demanda interagem até que não haja filas nem estoques encalhados?

Figura 5

EQUILÍBRIO DE MERCADO

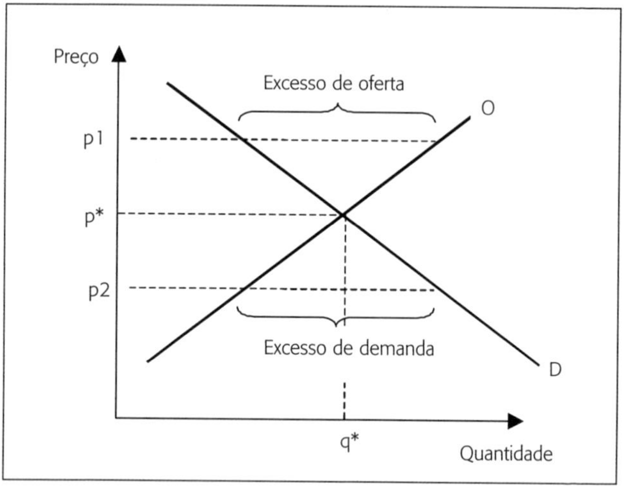

Como se vê na figura 5, se existirem muitos consumidores e produtores de forma que nenhum deles possa manipular o mercado fixando o preço, o equilíbrio se daria ao preço p^*, sendo q^* o número de unidades transacionadas. Em qualquer nível de preço mais alto, como p_1, por exemplo, haveria um excesso de oferta de bens, ou seja, os ofertantes estariam levando ao mercado mais bens do que os demandantes estariam dispostos a comprar. Isso estimularia uma queda nos preços como um mecanismo para evitar, por exemplo, que as empresas acumulassem estoques indesejados. Da mesma forma, em qualquer nível de preços como p_2 abaixo do preço de equilíbrio, os demandantes estariam dispostos a comprar um volume superior ao oferecido. A falta do produto levaria os preços a subir.

Custos da empresa e análise de ponto de equilíbrio (*break-even point*)

A teoria da empresa investiga variáveis relacionadas com a oferta, principalmente os custos e a concorrência nos mercados. A hipótese básica que norteia o estudo da microeconomia, a de que as empresas visam maximizar seus lucros, implica que busquem elevar as receitas e reduzir os custos de suas operações.

Uma questão sempre presente na administração de uma empresa diz respeito à identificação da quantidade mínima de produção e vendas, a um certo preço, que permitiria obter lucros. A análise de ponto de equilíbrio (*break-even point*) ajuda a esclarecer essa questão, e exige a divisão dos custos empresariais em fixos e variáveis.

> Custos fixos são aqueles que não variam com o nível de produção.
> Custos variáveis são aqueles que se modificam quando a empresa aumenta ou reduz a quantidade produzida.

Obtém-se o ponto de equilíbrio aplicando a equação a seguir. A produção abaixo da quantidade mínima de equilíbrio (quantidade de *break-even*) daria prejuízo.

$$Q = CF / (P - CVMe)$$

onde *Q* é a quantidade de *break-even*, a partir da qual a empresa tem resultado positivo, *CF* são os custos fixos totais, *P* o preço do bem e *CVMe* é o custo variável médio (= custo variável dividido pela quantidade produzida).

Vamos ilustrar esse tipo de análise com um exemplo numérico. Na oferta de um curso de MBA, uma instituição de ensino necessita identificar o número mínimo de alunos que garanta a cobertura dos custos de cada turma, sendo esse o seu *break-even point*. Suponha que a instituição tenha somente dois tipos de custos ao oferecer seu curso:

- custos com os salários dos professores e o aluguel das instalações;
- custos decorrentes da impressão do material didático utilizado pelos alunos.

O primeiro é claramente fixo, pois o aluguel e os salários independem do número de alunos em cada turma.[1] Já o custo do material é proporcional ao número de alunos e, portanto, variável. Suponha que o custo do aluguel do imóvel somado aos salários dos professores seja de R$ 9 mil por mês, que o custo do material didático seja de R$ 100 em média por aluno por mês e o preço da mensalidade paga pelo aluno seja de R$ 400. Aplicando-se a fórmula anterior, o mínimo de alunos para gerar a receita que cubra todos os custos seria de 30 alunos.

[1] É claro que o professor poderia ser demitido e o contrato de aluguel rescindido. No caso, estamos considerando um período de análise no qual os compromissos firmados com os professores e com o dono do imóvel não sejam reversíveis, o que torna esses custos fixos "no horizonte temporal analisado".

Estruturas (ambientes) de mercado

Uma hipótese básica nas seções anteriores é a de que o mercado esteja operando com um grau elevado de competição. Numa situação limite, estaríamos em concorrência perfeita, como se diz no jargão econômico. Se o mercado estivesse funcionando com essa estrutura, as empresas não teriam condições de realizar conluios ou cartéis. Caso formassem um cartel que elevasse os preços e as margens de lucro, uma empresa de fora poderia entrar no mercado com preços mais baixos e "roubar" toda a demanda. Evidentemente, isso exigiria que o produto em questão fosse padronizado e a tecnologia[2] necessária para produzi-lo, acessível. Em resumo, a concorrência perfeita é uma situação em que todas as empresas têm que cobrar preços muito parecidos, ou até mesmo idênticos, e em que não há como impedir que outras entrem no mercado ofertando o produto. Um mercado competitivo tem as seguintes características:

- transaciona um bem padronizado, não há diferenças relevantes de marca ou de origem;
- há livre entrada para as empresas que quiserem passar a operar;
- há muitas empresas produzindo, todas pequenas em relação ao mercado total.

No extremo oposto da concorrência perfeita, se situa o monopólio, isto é, o mercado dominado por uma única empresa. Em geral, o monopólio surge devido a três causas básicas:

- o tamanho do mercado — esse tipo de estrutura é chamado de "monopólio natural" e se caracteriza pelo fato de que não

[2] Por "tecnologia" os economistas entendem não somente saber como fazer, mas também como comercializar, o que inclui o domínio de estratégias de marketing e de distribuição do produto.

"cabe" mais de uma empresa produtora no mercado, por motivos técnicos. Não é possível ter duas empresas de água e esgoto num mesmo bairro da cidade; nem duas distribuidoras de gás encanado;

- a legislação — o monopólio pode ser instituído por lei, como foi o caso de diversos serviços de utilidade pública no Brasil, até há alguns anos, e a extração e o refino de petróleo também. Esse é o monopólio legal;
- por fim, o monopólio pode resultar de uma inovação tecnológica desenvolvida por uma empresa que a mantém como segredo industrial, patente ou marca registrada, fazendo isso legalmente durante certo período de tempo.

Quadro 1

CARACTERÍSTICAS DAS ESTRUTURAS DE MERCADO

Estruturas	Número de concorrentes	Características básicas
Concorrência perfeita	Muitos	Produto padronizado, livre entrada de firmas e preços muito próximos.
Oligopólio	Poucos	
Homogêneo		Produto padronizado, barreiras à entrada de novos concorrentes e preço uniforme.
Diferenciado		Produto diferenciado, barreiras à entrada de novos concorrentes e preços diferenciados.
Monopólio	Um único	
Natural		Tamanho do mercado não permite mais de uma firma.
Legal		Legislação institui monopólio.
Tecnológico		Domínio de "segredos industriais", patentes ou marcas impede a concorrência.

Entre os dois extremos da concorrência perfeita e do monopólio, há os mercados que operam com poucas empresas —

ao menos duas, mas não muitas. São os oligopólios. A característica básica dessa estrutura é a existência de barreiras à entrada, não sendo fácil para uma empresa nova ingressar no mercado e passar a concorrer com as já estabelecidas. As barreiras podem ocorrer por motivos parecidos como as que explicam a existência de monopólios. Por exemplo, na atualidade, o tamanho do mercado brasileiro não permite que existam muitas empresas de telefonia fixa de longa distância operando em escala nacional. Na indústria automobilística ou de eletrônica, não é fácil dominar a tecnologia de produção. Na indústria de alimentos, leva tempo para uma empresa fixar sua marca e adquirir a confiança do consumidor. Quando o produto ofertado pelas empresas oligopolistas é muito padronizado (é o caso de papel para impressão ou de baldes de plástico), diz-se que se trata de um oligopólio homogêneo. Os preços cobrados pelos ofertantes não podem ser muito diferentes, caso contrário os consumidores simplesmente escolherão o produto mais barato. Quando há uma diferenciação de produtos, com várias marcas (como é o caso de eletroeletrônicos, automóveis ou cervejas), trata-se de um oligopólio diferenciado. O quadro 1 resume as principais características das estruturas de mercado.

As interações entre os oligopolistas podem ser consideradas à luz da chamada teoria dos jogos, que é o estudo sistemático das interações entre pessoas, empresas, grupos etc.

Teoria dos jogos

Para entender como atuam os oligopólios, considere inicialmente uma situação simples de interação estratégica: o chamado "dilema dos prisioneiros". É um acontecimento imaginário cuja análise pode ser aplicada aos oligopólios de duas empresas, isto é, duopólios.

Suponha que duas pessoas foram presas e acusadas de terem cometido um crime juntas. Cada prisioneiro é colocado em uma cela separada, sem comunicação com a outra, e deve decidir se confessa ou não o crime, sem saber o que o outro decidiu. As penas aplicáveis são:

- caso ambos confessem o crime, serão condenados cada um a dois anos de prisão;
- caso um confesse e o outro não, o que confessou é libertado imediatamente, por ter colaborado. Mas o que não confessou, tentando obstruir a Justiça, será condenado a quatro anos (dois pelo crime e dois pela obstrução);
- caso nenhum dos dois confesse, permanecerão presos por apenas um ano cada um, pois há poucas provas contra eles.

Quadro 2

O DILEMA DOS PRISIONEIROS: UM EXEMPLO SIMPLES DE INTERAÇÃO ESTRATÉGICA

		Prisioneiro B	
		Confessa	Não confessa
Prisioneiro A	Confessa	(–2; –2)	(0; –4)
	Não confessa	(–4; 0)	(–1; –1)

Observe que cada prisioneiro tem uma lista de estratégias que pode escolher (no caso, duas: confessa ou não confessa). E o resultado final, para ambos, não depende apenas do que cada um decidiu, e sim do que os dois escolheram. O quadro 2 resume a situação. Em cada célula, o número à esquerda é a pena do prisioneiro A e à direita é a do prisioneiro B. Note que as penas são representadas com sinais negativos para indicar que cada ano na prisão é um custo ou perda.

O que você acredita que os prisioneiros fariam? O melhor resultado para ambos, conjuntamente, seria se não confessassem. Isso resultaria em apenas um ano de prisão para cada um, dois anos no total. Qualquer outro comportamento faria com que, conjuntamente, passassem mais anos atrás das grades. Mas se você olhar atentamente o quadro 2, irá notar que, individualmente, se não puderem cooperar, a atitude de confessar é sempre melhor que a de não confessar. Se, por exemplo, o prisioneiro A espera que o outro confesse, o melhor que tem a fazer é confessar também, e assim pegar uma pena de dois, e não de quatro anos. E se A imagina que B não vá confessar, ele também prefere confessar, pois será solto imediatamente, em vez de ficar na cadeia por um ano.

Portanto, observando com atenção o quadro, é possível notar que, nessa situação, qualquer que seja a expectativa do prisioneiro A sobre a decisão do outro, o melhor a fazer é confessar. Isso também vale para B. Nesse caso, diz-se que confessar é a estratégia dominante para ambos os agentes (vamos chamá-los de agentes, que é um termo mais leve). Assim, pode-se dizer que a posição de equilíbrio desse jogo ocorre quando ambos confessam, já que eles não podem cooperar (estão sendo interrogados em salas separadas e incomunicáveis).

Nesse ponto da análise do dilema dos prisioneiros, podemos estudar as empresas que atuam em oligopólio. Basta substituir a situação por outra com estrutura similar. Suponha que em certo mercado existam apenas duas empresas, A e B, e que atuem numa estrutura de oligopólio homogêneo. Devem decidir as quantidades ofertadas de um produto padronizado. Suponha ainda que possam escolher entre dois níveis de operação:

- no nível 1, cada empresa operaria em plena capacidade, ofertando o máximo;
- no nível 2, cada uma operaria com apenas 50% da capacidade plena.

Quadro 3

A interação estratégica em um oligopólio (lucros mensais em $ milhões)

		Empresa B	
		Nível 1	Nível 2
Empresa A	Nível 1	(9; 8)	(17; 7)
	Nível 2	(7; 17)	(14; 15)

Os resultados dessa interação (expressos em lucros mensais para cada empresa) são resumidos no quadro 3. Se ambas competissem agressivamente, operando à plena capacidade e tentando ocupar a maior fatia de mercado possível (ambas no nível 1), os preços cairiam e os lucros seriam de $ 9 e $ 8 milhões respectivamente. Se fizessem um acordo de operar com 50% da capacidade, a escassez do produto elevaria os preços e os lucros subiriam para $ 14 e $ 15 milhões.

É fácil verificar que, se não puderem cooperar, devido, por exemplo, à ação fiscalizadora do governo, as estratégias dominantes das duas empresas seriam de produzir no nível 1, o que é bom para os consumidores. Mas se cooperassem, escolheriam o nível 2, produzindo menos, tendo maiores lucros e prejudicando os consumidores. No entanto, se uma delas rompesse o acordo de restringir a produção e operasse no nível 1, obteria lucros ainda maiores ($ 17 milhões), deixando a outra em desvantagem ($ 7 milhões). Isso explica por que os cartéis são instáveis. Sempre existe, em situações como essa, a tentação de romper o acordo, pois geraria ganhos (pelo menos a curto prazo). Empresas que participam de cartéis muitas vezes descumprem o acordo se não houver uma punição contra esse comportamento. E, para isso, alguns cartéis recorrem à violência.

Firmando conceitos

Tenha certeza de que entendeu os conceitos de:

- microeconomia e macroeconomia;
- custo de oportunidade;
- lei da demanda;
- demanda elástica e inelástica;
- variação ao longo da curva *versus* variação da curva;
- elasticidade-renda;
- bens substitutos e complementares do lado da demanda;
- lei da oferta;
- oferta elástica e inelástica;
- bens substitutos e complementares do lado da oferta;
- mercado competitivo e seu equilíbrio;
- quantidade de *break-even*;
- oligopólio homogêneo, diferenciado;
- monopólio natural, legal e tecnológico;
- estratégia dominante.

Exercícios para revisão

- O estudo do comportamento da taxa de desemprego numa economia é um tema que pertence à microeconomia ou à macroeconomia?
- Um investidor compra uma ação por R$ 10 e, ao fim de um mês, a cotação subiu para R$ 15. Deve decidir se vende ou não. Qual é o custo de oportunidade de ficar com a ação? E o custo histórico da ação? Qual dos dois é o relevante para a decisão de vender ou não?
- As esferográficas populares custam R$ 1 na papelaria. As de luxo, de marcas famosas, custam R$ 500 ou mais. O fato de que pessoas compram esferográficas de luxo não contraria a lei da demanda?

- Qual é a demanda mais elástica, por sal ou por sabonete?
- Se descobrirem que o alimento *x* é cancerígeno, cai a demanda por *x*. É um movimento ao longo da curva ou da curva de demanda?
- Quando aumenta a renda de uma pessoa, suas demandas por todos os bens e serviços podem diminuir? Ou seja, todos os bens e serviços podem ser inferiores?
- Sapatos e meias são bens substitutos ou complementares, para o consumidor?
- Por que o pagamento de seguro-desemprego pode aumentar a taxa de desemprego?
- Qual é a elasticidade-preço da oferta dos quadros de Picasso legítimos?
- Por que um novo tributo sobre o bem *x* costuma gerar mais receita fiscal a curto prazo do que a longo prazo, mesmo se a renda das pessoas aumentar com o tempo?
- Carne e osso são bens complementares ou substitutos para os pecuaristas?
- O mercado mundial de soja é competitivo, ninguém tem o poder de estabelecer o preço e a entrada de novos produtores é livre. Mas fazendeiros vizinhos, produtores de soja, costumam se ajudar quando, por exemplo, quebra uma peça do trator de um deles. Essa postura é razoável, dado que competem? O fato de um mercado ser competitivo significa, necessariamente, que as pessoas participantes sejam pessoalmente competitivas?
- Quando o inverno é rigoroso, as empresas costumam produzir mais roupa de lã. Mas o seu preço se eleva. Explique por que, usando curvas de demanda e de oferta.
- Descreva uma atividade produtiva, seus custos, fixos e variáveis, suas receitas, e calcule a quantidade de *break-even*.
- O mercado de sabão em pó é um oligopólio homogêneo ou diferenciado?

- Dê três exemplos de monopólios: natural, legal e tecnológico, respectivamente.
- No jogo a seguir, complete as células vazias para que A e B tenham estratégias dominantes.

Estratégias de B

Estratégias de A		1	2	3
	I	(4, 5)	(3, 2)	(7, 4)
	II		(1, 3)	

- Qual seria a solução não cooperativa do jogo anterior? Supondo que os números nas células expressem valores em reais, qual seria a solução que maximizaria o ganho conjunto, ou seja, a solução cooperativa? Esse é um jogo de soma zero?

2

Mensuração da atividade econômica

As contas nacionais

O acompanhamento sistemático da economia do país é uma das mais importantes atividades das pessoas físicas e jurídicas (empresas produtivas, instituições financeiras e governos). Para o governo, esse acompanhamento constitui um instrumento imprescindível às definições de prioridades de políticas públicas voltadas à melhoria do bem-estar social. Para entender o desempenho da economia, é preciso mensurar de forma padronizada certos conceitos agregados da economia, o que pode ser feito em termos de valores monetários dos produtos transacionados ou da renda gerada, em quantidades de empregos criados, em variação percentual do nível geral dos preços e assim por diante.

A parte da macroeconomia que estuda a construção e a mensuração das medidas agregadas chama-se Sistema de Contas Nacionais, e se refere ao registro contábil da atividade econômica e social de um país, num certo período (mensal, trimestral, semestral e anual).

O Sistema de Contas Nacionais Brasileiro, de responsabilidade da Fundação Instituto Brasileiro de Geografia e Estatística (Fibge), segue os conceitos básicos e a estrutura-padrão adotados pela grande maioria dos países, independentemente de seu nível de desenvolvimento, de acordo com o estabelecido pela Organização das Nações Unidas (ONU) para mensurar, avaliar e comparar o desempenho das economias ao redor do mundo.

A igualdade entre renda e produto

Uma das principais informações econômicas refere-se ao somatório do valor da produção de todos os bens e serviços finais produzidos no país num certo período: o denominado *produto interno bruto* (PIB).

> *Produto interno bruto* é o valor de mercado de todos os bens e serviços *finais* produzidos dentro das fronteiras do país, num certo período, pelos residentes e não residentes.

O conjunto de bens e serviços produzidos dentro das fronteiras nacionais pode ser computado de duas maneiras. A primeira refere-se ao valor total produzido de bens e serviços finais. A segunda diz respeito à utilização dos fatores de produção envolvidos durante o processo produtivo — tais como mão de obra, máquinas, equipamentos, conhecimentos e recursos financeiros — e, que, portanto, devem ser remunerados em seus mercados específicos. Assim, para cada bem ou serviço produzido há uma renda correspondente de igual valor. Ou seja, o produto é igual à renda.

> *Renda interna bruta* é o somatório da remuneração dos fatores de produção (mão de obra, terra, máquinas, equipamentos, tecnologias, capital financeiro) utilizados no processo produtivo dos bens e serviços de residentes e de não residentes.

A tabela 1 deixa mais claros esses conceitos. Suponha que uma economia produza somente três bens: telhas cerâmicas, pisos e azulejos, e que a produção, num certo período, tenha totalizado R$ 4,5 milhões. Para produzir tais bens foi necessário contratar pessoal, comprar equipamentos e solicitar um empréstimo no banco, para fins de capital de giro das empresas.

Tabela 1

RENDA = PRODUTO

EXEMPLO DE UMA INDÚSTRIA CERÂMICA

Produção		Renda	
Discriminação	**R$**	**Discriminação**	**R$**
Valor da produção de telhas cerâmicas	1.200.000,00	Pagamento de salários	800.000,00
		Arrendamento da jazida de argila	900.000,00
Valor da produção de pisos cerâmicos	1.800.000,00	*Leasing* de equipamentos	1.400.000,00
		Custo financeiro	300.000,00
Valor da produção de azulejos	1.500.000,00	Encargos sociais	700.000,00
		Lucros	400.000,00
Total	4.500.000,00	Total	4.500.000,00

Cada fator utilizado na produção — como pagamento de salários e encargos sociais, *leasing* pelo uso dos equipamentos e maquinário, e os pagamentos de juros, pela remuneração do capital financeiro — deverá ser remunerado. Neste caso, a renda gerada na produção também constitui uma medida de mensuração da atividade econômica e se iguala ao valor total produzido, ou seja, a renda interna é igual ao produto interno de um país.

Mensurando o produto: valor adicionado

Ao somarmos o valor da produção de telhas, pisos e azulejos como medida da atividade econômica, sabemos que cada produto passou por diferentes fases do processo de produção, até ficar concluído. Se mensurarmos todas as fases, podemos incorrer em algum erro sério de dupla contagem. Por isso, precisamos descontar o valor monetário das fases intermediárias, considerando somente o valor adicionado em cada fase do processo produtivo.

A tabela 2 mostra, por exemplo, que a fabricação de telhas de cerâmica, que, de acordo com os dados da tabela 1, totalizou R$ 1,2 milhão, passou por três fases e que em cada uma delas ocorreu agregação de valor. A contribuição da produção de telhas será o valor adicionado (coluna 3), que representa o valor das vendas em cada fase (coluna 1), subtraídos os custos intermediários (coluna 2).

Tabela 2

VALOR ADICIONADO:
PRODUÇÃO DE TELHAS CERÂMICAS (R$)

Produtos	Vendas no período (1)	Custos intermediários no período (2)	Valor adicionado no período (3) = (1) – (2)
Argilas	1.000.000,00	450.600,00	549.400,00
Aglomerantes	600.000,00	150.950,00	449.050,00
Tintas e lacas	300.000,00	98.450,00	201.550,00
Total	1.900.000,00	700.000,00	1.200.000,00

Mensurando o produto: ótica setorial

O produto pode ser mensurado por diferentes óticas, permitindo assim precisar melhor o comportamento de certos subconjuntos de bens e serviços finais. Uma ótica bastante útil é aquela que identifica os agentes responsáveis pela realização de certas atividades econômicas, ou seja, aquela que identifica a contribuição de cada setor: agropecuário, industrial, comércio e serviços. Esses setores são também conhecidos como: primário (agricultura e pecuária); secundário (indústria); e terciário (comércio, transportes, comunicações, publicidade, educação, saúde, lazer, serviços financeiros e de seguros, administração pública e serviços pessoais).

A tabela 3 mostra a participação em percentual dos três setores básicos na economia brasileira. Como pode ser visto, o setor primário participa, em média, com cerca de 6% do PIB brasileiro, a indústria com quase 30%, nos últimos anos o restante é parte do setor terciário, que engloba as atividades de comércio e de serviços. Este último pode ser dividido em: serviços finais privados, que atendem ao consumidor individual (dependem do grau de urbanização e mudanças demográficas); serviços intermediários prestados às empresas (dependem das decisões dos produtores de bens); serviços de utilidade pública — saúde, educação e saneamento básico (dependem das decisões governamentais).

Tabela 3

PARTICIPAÇÃO DAS ATIVIDADES ECONÔMICAS NO PIB: ÓTICA SETORIAL (%)

Setor	Ano			
	2000	2002	2004	2006
Primário	5,60	6,62	6,91	5,15
Secundário — indústrias	27,73	27,05	30,11	30,90
Terciário — serviços e comércio	66,67	66,33	62,97	63,95
Total	100,00	100,00	100,00	100,00

Fonte: IBGE.

Mensurando o produto: ótica da demanda agregada

Outra maneira de avaliar o produto é por meio da identificação da natureza (finalidade) dos bens produzidos. Um país produz os mais diferentes bens (e serviços), tais como roupas, calçados, móveis, computadores, geladeiras, automóveis e aviões.

A macroeconomia classifica os bens e serviços em diferentes critérios de agrupamentos. Na parte da macroeconomia que estuda o Sistema de Contas Nacionais, os bens e serviços são classificados em duas categorias básicas. A primeira refere-se aos bens destinados diretamente ao atendimento das necessidades dos indivíduos, sejam elas consideradas básicas ou supérfluas. São os *bens de consumo*, e podem ser desdobrados em bens de consumo duráveis (fogões, automóveis, geladeiras) e bens de consumo não duráveis (alimentos, produtos de higiene e limpeza, roupas, calçados, bebidas, medicamentos).

A segunda categoria refere-se aos chamados *bens de investimentos ou de produção*. São aqueles utilizados na fabricação ou agregados à produção de outros bens. Os bens de investimentos também são conhecidos como *meios ou fatores de produção*, e podem ser desdobrados em bens de capital físico (máquinas, equipamentos, ferramentas, instalações etc.) e bens intermediários (ferro, aço, laminados, petróleo, gás etc.). Esse conjunto de bens é muito importante para a identificação do crescimento da economia, pois sua acumulação amplia a capacidade de produção, como veremos mais adiante. Historicamente, no Brasil, 80% da produção (PIB) correspondem a bens de consumo (duráveis e não duráveis) e 20% a bens de investimentos (produção).

> Os bens e serviços podem ser classificados em bens de consumo (duráveis e não duráveis) e de produção ou de investimentos (intermediários e de capital físico).

Uma economia pequena: famílias e empresas

Para melhor identificar a natureza dos bens e serviços produzidos, vamos considerar, por hipótese, que nossa economia seja constituída somente por dois agentes: consumidores (famílias) e ofertantes (empresas). Nossa economia hipotética não possui governo, nem se relaciona com outros países: a essa situação convenciona-se chamar de economia fechada e sem governo. Neste caso, o total de bens e serviços produzidos destina-se unicamente a consumo ou a investimento (produção), conforme representado na equação (1), onde o PIB representa a oferta agregada, e o consumo e os investimentos são os componentes da demanda agregada:

$$PIB = C + Ib \qquad (1)$$

Numa situação sem governo e sem transação com o exterior, as empresas locais transformam toda sua produção (ou produto agregado) em renda agregada, uma vez que, ao venderem seus produtos, elas obtêm uma receita de vendas que deverá ser transferida às pessoas (físicas), por meio do pagamento de salários, de concessão de gratificações, de pagamentos de aluguéis, juros, lucros e dividendos, entre outros.

A figura 6 representa o funcionamento do dinamismo de nossa economia, comumente denominado fluxo circular simples. Como pode ser percebido, toda a renda gerada é destinada à aquisição dos bens e serviços. A renda agregada é transformada em gasto (dispêndio agregado), no momento em que as pessoas físicas adquirirem os bens de consumo e as empresas (pessoas jurídicas) adquirirem os bens de investimentos.

Figura 6
FLUXO CIRCULAR SIMPLES

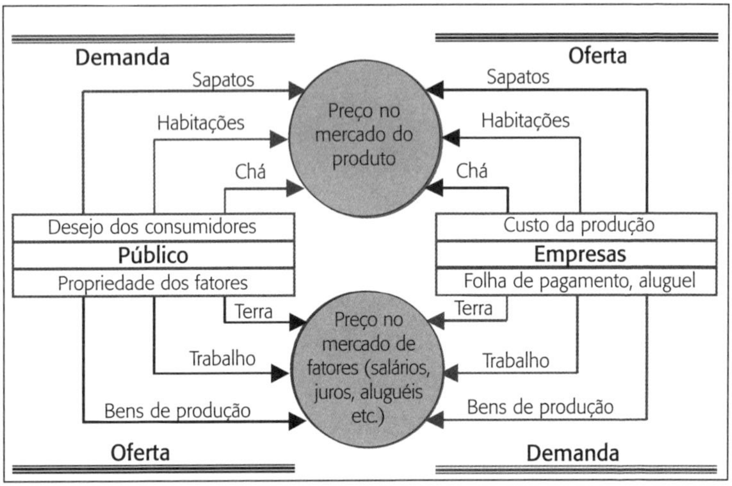

Se a empresa transferir todo o seu ganho em forma de remuneração dos fatores produtivos, como poderá adquirir os bens de produção? Neste caso, admite-se, em termos de simplificação, que todo o investimento realizado pela empresa não é financiado com recursos próprios.

Numa economia fechada e sem governo existem apenas duas opções para destinar a renda obtida: consumir ou poupar. Assim, aquele que consumir uma parcela superior à sua renda (poupança negativa) será financiado por aquele que conseguir poupar (poupança positiva), lembrando que a renda agregada é igual ao produto agregado. Assim, a renda interna bruta (RIB) será destinada ao consumo agregado (C) e à poupança agregada (S):

$$\boxed{RIB = C + S} \qquad (2)$$

Igualando as relações (1) e (2), temos:

$$PIB = C + Ib$$
$$RIB = C + S$$
$$C + Ib = C + S$$
$$C - C + Ib = S$$

então,

$$Ib = S \qquad (3)$$

A identidade da equação (3) mostra que, numa economia fechada e sem governo, o investimento bruto agregado é igual (financiado pela) à poupança agregada. Se as pessoas decidirem por consumir mais que seu nível de renda, não haverá recursos disponíveis para financiar o investimento. Caso as pessoas decidam consumir menos e, portanto, poupar mais, haverá recursos adicionais que poderão ser investidos. Quando as empresas decidem investir, há um aumento de capacidade de produção de bens e serviços na economia, ou seja, ampliação do estoque de capital.

A *poupança agregada* representa a renúncia do consumo presente. O *investimento agregado bruto* é igual à *poupança agregada*. Em outras palavras, os investimentos são financiados pela poupança.

Se o estoque de capital físico num determinado ano for inferior ao do ano seguinte, isto significa que ocorreu um novo investimento. Assim, considerando que o estoque de capital em determinado ano é K_t, o estoque no ano seguinte é K_{t+1}, e o investimento no ano *t* é Ib_t, a expressão (4) mostra que o investimento bruto agregado representa, na verdade, a ampliação do estoque de capital, uma vez que expressa as despesas líquidas de investimentos ($K_{t+1} - K_t$) mais as despesas com depreciação (d_t):

$$Ib_t = K_{t+1} - K_t + d_t \qquad (4)$$

Observe que, se deduzirmos do produto interno bruto as despesas com depreciação, reposição e/ou manutenção, obteremos o *produto interno líquido* (PIL), ou seja, $PIB = PIL + d_t$. O PIL constitui também um agregado macroeconômico importante.

Os investimentos agregados brutos constituem-se de novos investimentos (plantas produtivas, máquinas, equipamentos etc.) e de despesas com depreciação do capital físico já existente.

Suponha, agora, que nossa economia hipotética, mesmo fechada e sem a presença do governo, necessite adquirir do exterior alguns insumos e matérias-primas (fatores da produção) para produzir os bens e serviços, e que o mesmo aconteça com outras economias. Como as empresas têm de pagar pelo uso dos fatores de produção, elas destinam recursos monetários para os respectivos proprietários, residindo estes no país ou no exterior. Ao mesmo tempo, as empresas nacionais instaladas em outros países enviam recursos monetários para seus países de origem. As remessas para o exterior são denominadas *renda enviada ao exterior* (REE) e as remessas vindas de fora são chamadas de *renda recebida do exterior* (RRE). Se a renda enviada ao exterior for maior do que a renda recebida do exterior teremos como resultado *renda líquida enviada ao exterior* (RLEE). Ao contrário, se a renda enviada ao exterior for menor do que a renda recebida do exterior teremos como resultado a *renda líquida recebida do exterior* (RLRE).

A figura 7 mostra a evolução da renda líquida da economia brasileira enviada ao exterior, desde o início dos anos 1960. Como se pode observar, têm sido crescentes as remessas líquidas ao exterior pelo uso dos fatores de produção de propriedade de estrangeiros, em função da mudança do perfil e do padrão de produção da economia brasileira, sobretudo depois da metade dos anos 1980.

Renda líquida enviada para o exterior é a diferença entre as remessas e os recebimentos de rendimentos relativos ao uso dos fatores de produção (juros, lucros, dividendos, marcas, patentes, *royalties* etc.) de propriedade de estrangeiros.

Figura 7

EVOLUÇÃO DA RENDA LÍQUIDA BRASILEIRA ENVIADA AO EXTERIOR (RLEE)

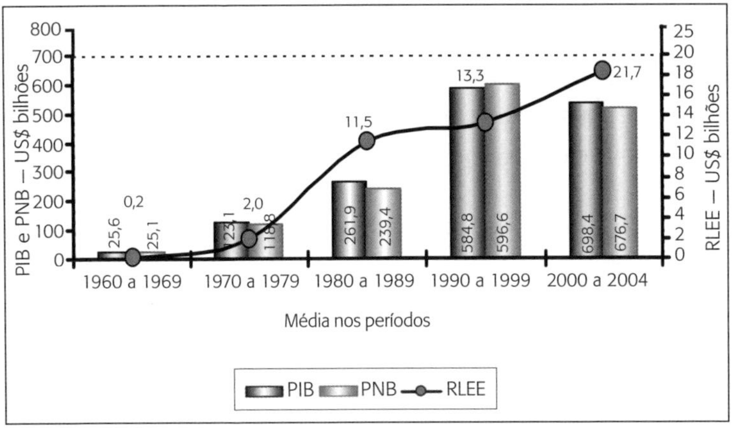

Fonte: IBGE.

A renda líquida enviada ao exterior (RLEE) fornece informações valiosas que permitem distinguir se a renda é gerada dentro das fronteiras de um país (relacionando-se com o PIB ou com o PIL) ou se é gerada por empresas pertencentes a residentes no país. Da dedução da RLEE do PIB obtém-se o produto nacional bruto (PNB), isto é, a produção total, e que se transformou, de fato, em renda nacional, ou *PNB = PIB – RLEE*. Resumindo o exposto até aqui, temos diferentes mensurações da atividade econômica. As equações a seguir mostram o *produto nacional bruto* (PNB) e o *produto nacional líquido* (PNL).

$$PIB - RLEE = PNB \quad (5)$$

$$PNB - d_t = PNL \quad (5a)$$

Produto nacional bruto é o valor de mercado de todos os bens e serviços *finais* produzidos pelos residentes do país num determinado período.

Uma economia completa: governo e setor externo

Doravante, vamos incorporar à nossa economia a presença do governo e as transações com bens e serviços realizadas com o resto do mundo. Inicialmente, ao incorporarmos a presença do governo, devemos admitir que uma parcela dos bens e serviços finais será destinada ao consumo ou ao investimento governamentais. Exemplificando: sabemos que existem pessoas remuneradas por prestar serviços ao governo (funcionários públicos, pessoas físicas e jurídicas etc.), que uma parcela da produção de bens (papéis, canetas, computadores, lâmpadas, combustíveis etc.) será consumida pelo governo e que parte dos bens de investimento (caminhões, automóveis, instalações, equipamentos etc.) será realizada pelo governo. Os dispêndios públicos com bens e serviços de uso contínuo ou corrente são denominados *consumo do governo* (G) e as aquisições de bens que se destinam à viabilização das funções governamentais, tais como escolas, hospitais, postos de atendimento do INSS e de saúde, serão chamadas de *investimento do governo* (I_G).

Considerando a inclusão do governo, o PIB da expressão (6) será o somatório dos gastos com consumo privado e público mais os dispêndios com os investimentos privado e governamental:

$$\boxed{PIB = C + G + Ib + I_G} \qquad (6)$$

Para que o governo possa realizar seus gastos com consumo e investimento, é necessário obter receitas, que chamaremos de tributos. Dessa forma, analisando o produto pela ótica da renda, a incorporação dos tributos significa que as pessoas alocarão parte de sua renda para o consumo (C), parte para a poupança (S) e outra para pagamentos dos tributos (T). A equação (7) mostra o produto pela ótica da renda, com a inclusão do governo:

$$\boxed{RIB = C + S + T} \qquad (7)$$

Vamos incluir, agora, as transações com bens e serviços realizadas com o resto do mundo. Sabemos que nem tudo que é produzido dentro do país destina-se ao mercado interno. Parte da produção é realizada para atender às necessidades de consumidores de outros países; são as chamadas exportações de bens e serviços (*X*). E, como não poderia ser diferente, nem tudo que é consumido internamente é produzido dentro do território nacional; o país necessita importar certos bens e serviços do resto do mundo (*M*). Assim, o valor das exportações menos as importações deve ser incorporado ao PIB, passando a representar o somatório dos gastos com consumo privado e governamental e dos dispêndios com investimento privado e governamental, acrescido das receitas de exportações de bens e serviços e deduzido o valor das despesas com importações de bens e serviços. A expressão (8) apresenta, então, a seguinte forma:

$$\boxed{PIB = C + G + Ib + I_G + X - M} \qquad (8)$$

Ao incorporarmos as transações de bens e serviços com o resto do mundo (*X* – *M*), devemos considerar na equação do PIB a parcela da renda oriunda do exterior. Teremos, então, a seguinte equação do produto, pela ótica da renda:

$$\boxed{RIB = C + S + T + RLEE} \qquad (9)$$

Ao compararmos as equações (8) e (9), chegamos à seguinte conclusão:

$$\boxed{\begin{gathered} PIB = C + G + Ib + I_G + X - M = RIB = C + S + T + RLEE \\ \Rightarrow C + G + Ib + I_G + X - M - RLEE = C + S + T \\ \Rightarrow G + Ib + I_G + X - M - RLEE = S + T \end{gathered}}$$

Ao rearranjarmos os termos, teremos as expressões (10) e (10a):

$$(Ib + I_G) = S + (T - G) + (M - X + RLEE) \quad (10)$$

$$(Ib + I_G) = S + S_G + S_X \quad (10a)$$

A expressão (10) contém duas variáveis que representam as transações de bens e serviços com o exterior, ainda que de forma um pouco diferente. $(M - X)$ é o déficit em transações de bens e serviços de não fatores da produção. Sempre que a economia importar (M) mais que exportar (X), o sinal da expressão $(M - X)$ será positivo. Devemos, no entanto, considerar também as remessas líquidas para o exterior (transações de fatores de produção), expressas por *RLEE*. O somatório do déficit de bens e serviços de não fatores $(M - X)$ e da *RLEE* corresponde ao déficit em transações correntes, também chamado de poupança externa (S_x). A expressão $(T - G)$ da equação (10) representa o excedente de tributos (receitas) sobre os gastos governamentais com bens e serviços destinados ao consumo do governo. Esse termo também é chamado de poupança do governo (S_G).

> O déficit em transações correntes (importações menos exportações de bens e serviços) do balanço de pagamentos constitui o uso da poupança externa pela economia doméstica.

Resumindo, o total de investimentos feitos em um país, tanto pelo setor privado (Ib) quanto pelo setor público (I_G), pode ser financiado por três fontes de poupança:

- *externa* (S_x), mensurada pelo déficit em transações correntes $(M - X + RLEE)$;
- *privada* (S), que representa o excesso de renda depois de descontados os gastos com consumo agregado (C) e os pagamentos de tributos (T);

- *pública* (S_G) que representa o excesso das receitas públicas (T) sobre as despesas públicas com consumo corrente (G).

> A *necessidade de financiamento do setor público* (NFSP) avalia o desempenho da administração pública num determinado período, geralmente entre 1º de janeiro e 31 de dezembro, apurado nos três níveis de governo (federal, estadual e municipal). Este conceito apresenta o montante de recursos que o setor público não financeiro necessita captar do setor financeiro interno ou externo, além de suas receitas fiscais para fazer face aos gastos.
>
> Déficit primário ou fiscal = despesas não financeiras – arrecadação total (tributos)
>
> Déficit nominal ou total = (despesas não financeiras + juros nominais) – arrecadação total

Sabemos que o aumento da capacidade de produção de uma economia ocorre pelo aumento da produtividade ou pela expansão de seu estoque de capital físico e humano, e que esta expansão se dá por meio dos gastos com investimentos. A equação (10a) indica que o aumento de capacidade produtiva só se viabilizará se houver fontes de poupança (financiamentos) interna e externa. Essas fontes estão relacionadas ao crescimento da produção de bens e serviços, que se reflete no crescimento real da economia, do PIB.

Produto nominal e produto real

Devemos ficar atentos para o comportamento do produto de um país ao longo dos anos, medido em valores monetários. Muitas vezes podemos pensar que a economia está aumentando as quantidades produzidas, gerando mais empregos, e, na verdade, isso pode não estar ocorrendo. Assim, devemos saber diferenciar o crescimento dos preços do aumento das quantidades produzidas, o que nem sempre é tarefa fácil de ser realizada. As tabelas 4 e 5 mostram alguns exemplos de variações semelhantes do valor da produção entre períodos, porém revelando situações bem distintas.

A tabela 4 mostra que, no período 1, o somatório da produção de televisores, geladeiras, feijão, roupas e refrigerantes a preços correntes totalizou R$ 276 mil, enquanto no período 2 o valor alcançou R$ 386,4 mil, ocorrendo, portanto, uma variação para mais, de R$ 110,4 mil. O que aconteceu com a nossa economia? Se analisarmos somente os valores correntes, saberemos se houve variação de quantidades produzidas, variações de preços ou ambas?

Tabela 4

Variações do valor da produção (R$)

Produto	Unid.	Período 1			Período 2		
		Qtde.	Preço	Valor	Qtde.	Preço	Valor
Televisores	un.	20	300,00	6.000,00	20	400,00	8.000,00
Geladeiras	un.	50	200,00	10.000,00	50	300,00	15.000,00
Feijão	t	100	500,00	50.000,00	100	1.034,00	103.400,00
Roupas	pç.	5.000	30,00	150.000,00	5.000	40,00	200.000,00
Refrigerantes	*l*	120.000	0,50	60.000,00	120.000	0,50	60.000,00
Total				$V_1 = \Sigma P_{1i} . Q_{1i} =$ 276.000,00			$V_2 = \Sigma P_{2i} . Q_{2i} =$ 386.400,00
Variação total do período 2 para o 1							110.400,00

Examinando as informações, verificamos que as quantidades produzidas nos períodos 1 e 2 são exatamente iguais, não ocorrendo, portanto, aumento de produção efetiva. Na verdade, entre os dois períodos houve apenas variação para cima do nível de preços. Neste caso, o *produto real* permaneceu constante e o *produto nominal* aumentou em 40%, em decorrência do aumento dos preços.

> *Produto nominal* é o valor de mercado de todos os bens e serviços *finais* produzidos pelo país em qualquer período aos preços correntes (vigentes).

Tabela 5

VARIAÇÕES DO VALOR DA PRODUÇÃO (R$)

Produto	Unid.	Período 1			Período 2		
		Qtde.	Preço	Valor	Qtde.	Preço	Valor
Televisores	un.	20	300,00	6.000,00	27	300,00	8.100,00
Geladeiras	un.	50	200,00	10.000,00	65	200,00	13.000,00
Feijão	t	100	500,00	50.000,00	14	500,00	7.000,00
Roupas	pç.	5.000	30,00	150.000,00	7.750	30,00	232.500,00
Refrigerantes	*l*	120.000	0,50	60.000,00	251.600	0,50	125.800,00
Total		$V_1 = \Sigma P_{1i} . Q_{1i} =$		276.000,00	$V_2 = \Sigma P_{2i} . Q_{2i} =$		386.400,00
Variação total do período 2 para o 1							110.400,00

Os dados da tabela 5 exemplificam outra situação. Entre os períodos 1 e 2, os preços unitários dos bens produzidos não sofreram quaisquer alterações, enquanto as quantidades produzidas apresentaram aumentos significativos. Assim, houve um crescimento da produção e não de preços. Neste caso, o produto real ficou acrescido de 40%.

> *Produto real* é o valor de mercado de todos os bens e serviços *finais* produzidos pelo país em qualquer período, aos preços de algum ano-base ou a preços constantes.

O produto real e o deflator

O produto (PIB) real pode ainda ser obtido de outra forma, utilizando, neste caso, a técnica de deflacionar o produto nominal (ou qualquer outro valor monetário corrente, como salários, faturamento e aplicações financeiras). O deflator mede o nível geral dos preços de uma economia, em relação ao nível de preços de um certo ano-base. O deflator mensura a parte da variação do produto nominal atribuída exclusivamente ao aumento dos preços, permitindo, assim, identificar a variação efetiva das quantidades produzidas. Ou seja:

$$\text{PIB real} = \frac{\text{PIB nominal}}{\text{Deflator} \times 100}$$

Como o PIB nominal foi mensurado a preços nominais ou correntes, torna-se necessário descontar o efeito da variação dos preços. Logo, divide-se o numerador (PIB nominal) por um índice de preços (deflator). Como resultado tem-se o PIB real, que constitui o componente físico (quantidades) da atividade econômica.

O produto e o ciclo econômico

Suponha que o crescimento econômico de um país apresente o comportamento demonstrado na figura 8. Não resta dúvida de que essa trajetória está muito comportada e, portanto, não representa bem a realidade. Essa demonstração, contudo, será útil para explicar certos conceitos importantes, ligados aos movimentos cíclicos econômicos.

Qual é o significado de uma economia em recessão? É uma economia que se encontra fora de sua trajetória normal, cuja produção efetiva encontra-se abaixo de uma certa trajetória (linha) tendencial. A recessão ocorre sempre que um país esteja produzindo aquém de sua capacidade normal. A figura 8 busca ilustrar os conceitos.

Qual é o significado de uma economia superaquecida? O superaquecimento ocorre quando uma economia está produzindo acima de sua capacidade normal de produção. A diferença (percentual) entre a produção efetiva e uma linha de tendência é

Figura 8

CRESCIMENTO, RECESSÃO, SUPERAQUECIMENTO

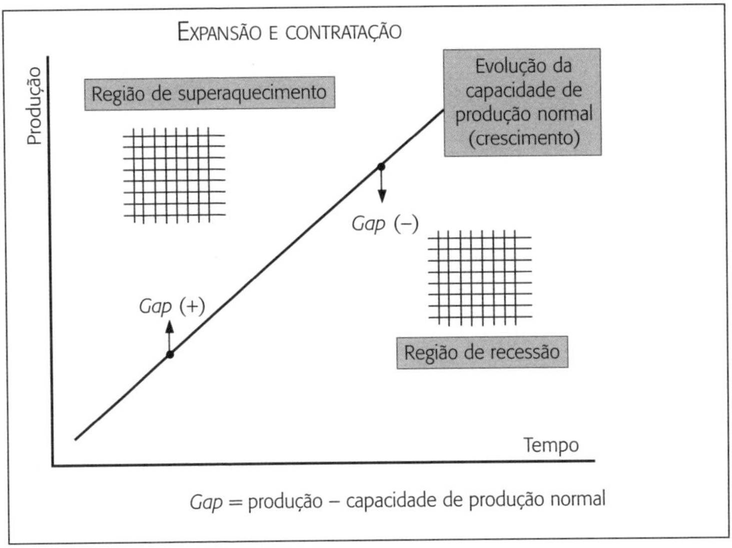

chamada de desvio ou *gap*. Assim, num determinado período a economia pode estar superaquecida e, neste caso, apresenta um *gap* positivo. Em outro período a economia pode estar produzindo pouco, bem abaixo de sua capacidade de produção; encontra-se, assim, em recessão, apresentando um *gap* negativo.

A trajetória econômica está estreitamente ligada à existência de um estoque de recursos produtivos, o qual determina uma certa capacidade de produção de bens e serviços em um dado período. De modo efetivo, podemos considerar que, na economia, há duas capacidades de produção associadas ao estoque de recursos produtivos: a capacidade instalada e a capacidade normal. Para melhor compreender esses conceitos, veja um exemplo real. Uma indústria siderúrgica tem quatro fornos instalados e funciona normalmente operando com três, enquanto o quarto sofre manutenção rotineira (troca de peças, limpeza etc.). Uma vez feita a manutenção, o quarto forno passa a funcionar e um dos outros três que estavam funcionando pode ser desligado. Neste caso, pode-se dizer que a capacidade de produção instalada corresponde à produção de quatro fornos e a capacidade de produção normal é de apenas três.

Dado um estoque de recursos produtivos disponíveis num certo período, uma economia equilibrada estruturalmente tem a capacidade de produção normal definida (e uma capacidade instalada também definida, acima da normal). Se a produção efetiva estiver abaixo da capacidade normal de produção, isto é, se a economia apresenta uma certa ociosidade, então podemos considerar que a economia encontra-se numa situação de recessão. Se, ao contrário, houver um superuso da capacidade de produção, acima do normal, a economia encontra-se numa situação de superaquecimento.

Retornando ao nosso exemplo anterior, se, em decorrência da fraca demanda por produtos siderúrgicos, apenas dois fornos da nossa indústria estiverem em operação, poderíamos afirmar que a economia (indústria) encontra-se em recessão. Se, em decorrência de uma forte demanda por produtos siderúrgicos, houver um superuso da capacidade de produção, que em nosso exemplo significa o pleno funcionamento dos quatro fornos ao mesmo tempo, podemos afirmar que a economia (indústria) encontra-se numa situação de superaquecimento. Esses movimentos representam as flutuações cíclicas da atividade econômica.

A discussão sobre a evolução do nível de capacidade de produção normal traz outras informações igualmente importantes, ligadas às flutuações econômicas, por exemplo, as relativas ao comportamento geral dos preços da economia e ao nível geral do emprego (mercado de trabalho). Quando o movimento da economia ultrapassa sua tendência, ou seja, a capacidade de produção normal, isto significa que a demanda nos mais diferentes segmentos é maior que sua respectiva oferta. Neste caso, que vai configurar o superuso da capacidade instalada, há uma pressão para a elevação do nível geral de preços, ficando caracterizada uma situação de pressão inflacionária.

Figura 9

PRODUTOS POTENCIAL E EFETIVO: O HIATO (CRESCIMENTO, EXPANSÃO, CONTRAÇÃO E RECESSÃO)

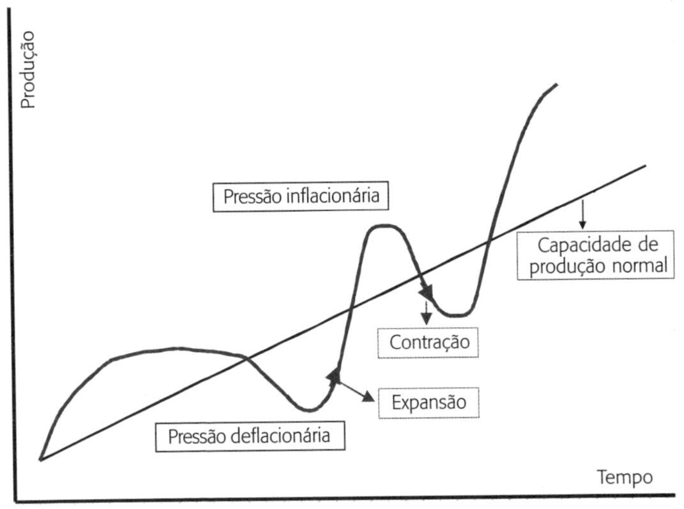

Crescimento = aumento da capacidade de produção normal
Expansão = aumento do uso da capacidade de produção normal
Contração = redução do uso da capacidade de produção normal

Numa situação oposta, quando a economia está abaixo de sua tendência normal, está configurado um menor nível da atividade econômica, o que, nos setores específicos, significa que as empresas estão enfrentando demandas menores que sua capacidade de produção. Assim, elas começam a reduzir sua produção e a diminuir seu quadro de empregados. Quando a maioria das empresas toma essa atitude, há uma situação de contração e, portanto, começa a se configurar uma situação de tendência de desemprego e de pressão deflacionária. A figura 9 resume os pontos básicos, mostrando as situações de capacidade de produção normal, a produção efetiva e as situações de pressão inflacionária e deflacionária.

O ciclo econômico brasileiro

A figura 10 mostra a evolução do PIB real da economia brasileira, suas taxas de variação médias, por décadas, desde 1950 até 2008. Como podemos observar, o país, nos últimos 50 anos, apresentou fortes flutuações cíclicas do PIB real, em resposta à quantidade e à qualidade do estoque de capital físico e humano existente, dos fatores de produção disponíveis nas várias ocasiões e, ainda, da eficiência com que todos esses fatores (fixos e variáveis) foram alocados.

Figura 10

PIB Brasil: variação % real anual (1950-2008)

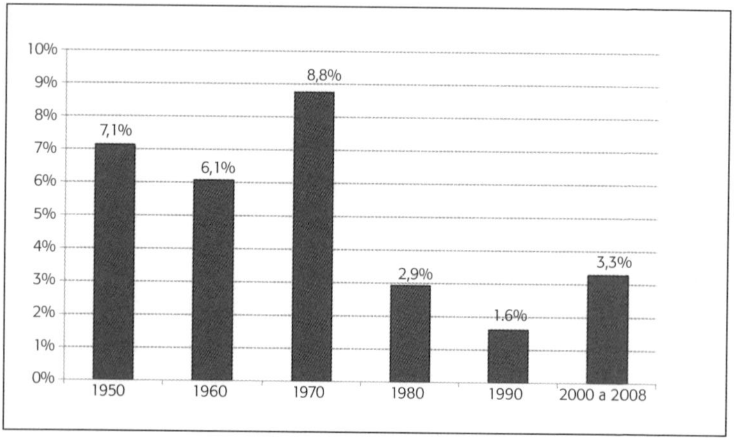

Fonte: IBGE.

Observe, ainda, que o comportamento da economia brasileira pode ser dividido em dois períodos distintos: entre a década de 1950 e o início dos anos 1980, quando o país registrou elevado crescimento real, de 7,1% a.a.; e entre o início de 1980 até 2006, quando o país apresentou menores variações do PIB real, algo próximo a 3,1% a.a (média entre 2000 e 2006). Essa trajetória foi o resultado da reação dos agentes econômicos (empresas produtivas, instituições financeiras e consumidores) de um lado, e o poder público, de outro, aos desafios internos e externos enfrentados pelo Brasil.

Firmando conceitos

Tenha certeza de que entendeu os conceitos de:

- fatores da produção;
- produto interno bruto e produto nacional bruto;
- renda líquida enviada ao exterior;
- variáveis nominais e reais;
- investimentos agregados brutos;
- poupança agregada bruta: interna e externa;
- oferta e demanda agregadas.

Exercícios para revisão

- O que significa, em termos de produto de um país, quando a renda enviada ao exterior, relativa à remuneração dos fatores da produção, é sistematicamente superior à renda recebida do exterior? Dê exemplos.
- A partir da análise do fluxo circular simples, construa, em valores monetários, a igualdade entre a renda e produto de um país.

Com as informações a seguir, calcule e analise o que se pede.

Discriminação	Valor (R$ bilhões)	
	2005	2006
Exportações de bens e serviços	324,9	340,3
Investimentos agregados brutos	349,5	390,5
Consumo privado	1.287,8	1.393,7
Consumo do governo	436,2	462,9
Investimentos federais	115,0	95,0
Gastos do governo com INSS	39,8	15,0
Importações de bens e serviços	247,9	272,3
Consumo de empresas estrangeiras	288,5	225,7
Novos investimentos (líquidos)	32,5	39,0
Deflator implícito	107,5	112,1

- O valor monetário (R$) do PIB nominal e real, de 2005 e 2006.
- A taxa real de variação de 2005 e 2006.
- O saldo de comércio (transações correntes) e a participação (%) do PIB nominal em 2005 e 2006.
- O valor monetário do produto interno líquido nominal de 2005 e 2006.

3

A moeda e o sistema financeiro

A divisão do trabalho

O homem é um ser social, vive em grupos, e isto permite a cada pessoa especializar-se na produção de algum bem ou serviço, alcançando eficiência produtiva através desta especialização, e, ao mesmo tempo, manter um consumo diversificado. Cada um de nós consome muitas coisas que não produz, trocando-as pelo que produz. Todos fazemos isto, o que permite muito mais eficiência do que se cada um tivesse de produzir tudo o que consome. Mesmo numa sociedade humana primitiva — nômade, por exemplo — cada indivíduo especializa-se em determinada atividade. Um caça, outro pesca, o terceiro extrai raízes da floresta e assim por diante. No fim do dia se reúnem na taba e trocam peixe por farinha, carne por legumes etc. Outros animais não sociais, solitários, praticamente só consomem o que produzem (ursos, por exemplo).

Os mercados e a moeda

A divisão do trabalho acompanhada de trocas é um aspecto central das sociedades humanas e da economia de qualquer país moderno, e o conjunto de instituições e práticas que abrigam e possibilitam as trocas constitui os mercados da economia. Como qualquer criação humana, os mercados evoluem, modificam-se, adaptam-se. Veja o que vem acontecendo com os negócios pela internet, por exemplo. Esses são mercados novos, em evolução, mas uma característica essencial dos mercados modernos é que quase sempre eles operam com moeda, pois as trocas são indiretas. O que é a moeda? É o meio de troca e a unidade de valor da economia. Normalmente, também é uma maneira importante que as pessoas utilizam para fazer reserva de valor. Esta definição formal não mostra a importância do dinheiro — também chamado de moeda — numa economia moderna, pois ele é uma tecnologia de troca vital para o processo de divisão do trabalho, de especialização e eficiência na produção e diversificação do consumo.

> Moeda é o meio de troca e a unidade de valor da economia.

Para perceber isto, considere uma economia com apenas cinco bens, numerados de 1 a 5, e examine a tabela 6.

Tabela 6

A MOEDA COMO TECNOLOGIA DE TROCA

Bens → ↓	1	2	3	4	5
1					
2	*(*a*)				
3	*(*b*)	*(*e*)			
4	*(*c*)	*(*f*)	*(*h*)		
5	*(*d*)	*(*g*)	*(*i*)	*(*j*)	

Obs.: 5 bens ⇒ 10 mercados; 6 bens ⇒ 15 mercados; n bens ⇒ $(n^2 - n)/2$ mercados; 10 mil bens ⇒ 50 milhões de mercados, aproximadamente.

Os indivíduos especializados na produção do bem 1 não querem consumir apenas 1, mas desejam trocá-lo por outros bens, de modo a ter um consumo diversificado. Para que isto seja possível, é necessário que haja os quatro mercados indicados pelas letras minúsculas na coluna abaixo do bem 1 na tabela 6. Assim, poderiam trocar 1 por 2 no mercado de 1 por 2, indicado pela letra (*a*); ou 1 por 3 no mercado (*b*); ou 1 por 4 no mercado (*c*); ou ainda 1 por 5 no mercado (*d*). Os produtores de 2 querem trocá-lo ou por 1, podendo fazê-lo no mercado de 1 por 2, indicado pela letra (*a*); ou por 3, no mercado (*e*); ou por 4, no mercado (*f*); ou ainda por 5, no mercado (*g*). Prosseguindo com esta argumentação, o estudo detalhado da tabela 6 e das trocas necessárias para se ter especialização na produção, mas diversificação de consumo sugere que:

- no caso de cinco bens, serão necessários 10 mercados diretos para possibilitar todas as trocas possíveis; na tabela 6 cada mercado necessário está indicado pelo asterisco seguido de uma letra minúscula; o número total de asteriscos na 10;
- no caso de seis bens, serão necessários 15 mercados (desenhe uma tabela com seis bens, seis colunas e seis linhas, e faça a contagem);
- em geral, no caso de n bens, a fórmula do número de mercados necessários é $(n^2 - n)/2$, a qual pode ser obtida considerando que, na hipótese de n bens, a matriz da tabela 6 possui n^2 células; as células da diagonal principal não são necessárias, pois não se troca o bem 1 pelo bem 1, nem o 2 pelo 2 e assim por diante; e há n células na diagonal principal: daí $(n^2 - n)$; finalmente, apenas as células localizadas abaixo da diagonal principal — a metade delas na tabela 6 — serão usadas como mercados, ou seja $(n^2 - n)/2$;

- no caso de 10 mil bens (e no Brasil atualmente há mais de 30 mil bens diferentes registrados na Associação Brasileira de Normas Técnicas — ABNT), usando a fórmula anterior, chegamos à necessidade de 50 milhões de mercados, aproximadamente.

Este número mostra a dificuldade da tecnologia de trocas diretas. É custosíssimo ter 50 milhões de mercados diversos, com local estabelecido, regras de funcionamento, modo de operar, corretores, fiscais etc. E uma economia moderna tem, certamente, muito mais do que 10 mil bens diferentes. Logo, o que acontece é que um dos bens, digamos o bem 5 na tabela 6, torna-se o dinheiro da economia. Ilustrativamente, apenas os mercados (*d*), (*g*), (*i*) e (*j*) da tabela funcionarão. Para trocar o bem 1 pelo 2, já que não há mais o mercado (*a*) de troca direta, troca-se primeiro o bem 1 pelo 5 no mercado (*d*) e depois o 5 pelo 2 no mercado (*g*). As trocas passam a ocorrer indiretamente, e o bem 5 a exercer a função de intermediário de trocas, ou de meio de trocas, sendo chamado também de meio de pagamento, ou meio de recebimento.

Todas as pessoas nas economias modernas praticam esse tipo de troca, sem prestar muita atenção no que acontece, e chamam o "bem 5" de dinheiro ou de moeda. A grande vantagem deste novo arranjo ou tecnologia de trocas é que, caso haja 10 mil bens na economia, serão necessários apenas 9.999 mercados, em vez dos 50 milhões calculados anteriormente: a fórmula geral para o número de mercados agora é $(n - 1)$.

Não há economia moderna nem grupamento humano numeroso que não use um certo bem como moeda (nas prisões, por exemplo, é comum o uso de cigarros).

A moeda é essencial para permitir que as pessoas, numa sociedade de milhões de habitantes, troquem entre si o que produzem, podendo, então, se especializar intensamente no que fazem. Esta especialização e a eficiência e produtividade que dela decorrem são responsáveis pelo alto grau de bem-estar material do mundo moderno, a ponto de certos analistas dizerem que alguns favelados brasileiros de hoje têm muito mais riqueza material (água encanada, luz, gás em botijão, telefone) que um rei zulu do século passado.

Ao longo da história, alguns governantes eliminaram a moeda de seus países, pois viam nela não uma tecnologia de trocas, mas uma entidade que sintetizava "o mal" do mundo. Ricos, poderosos, avaros queriam e querem acumular dinheiro, mesmo à custa do sofrimento dos outros. Mas acontece que ricos e poderosos também querem acumular terras, sapatos, carros etc. E nem por isso é razoável ser contra os carros e proibir sua produção. Os carros e o dinheiro, em si, não geram a "maldade". São apenas uma tecnologia de transporte e de troca, respectivamente, e muito úteis, como tal.

De qualquer modo, o fato é que, como resultado da eliminação da moeda, em qualquer país, o nível da atividade econômica reduz-se a uma fração do que era antes, pois diminui muito a especialização decorrente da divisão do trabalho.

Os mercados numa economia moderna são mercados de moeda; o escambo — troca direta — é raro e pouco importante. Consequentemente, a tendência é expressar os preços e os valores, nessas economias, em dinheiro. É comum falar, por exemplo, que o preço da passagem aérea Rio-São Paulo, ida e volta, é de R$ 500 e não de cinco pneus. A R$ 100 o pneu, daria no mesmo falar uma coisa ou outra; mas, normalmente, no Brasil os preços sempre se expressam em unidade monetária, o real. Diz-se, então, que a moeda, além de meio de troca, é, em geral, a unidade de valor, ou de preços, ou de contas da economia. E se um contrato vier com uma obrigação expressa em outra unidade que não o meio de pagamento — “devo 10 bois”, por exemplo, diz o texto contratual —, fala-se que o contrato é indexado. No vencimento, o pagamento seria feito em reais, correspondentes a 10 bois. A indexação ocorre, portanto, quando o meio de pagamento e o meio de conta diferem, em alguma transação.

Como todos os mercados de uma economia moderna são mercados de moeda, e os preços também são expressos em unidades monetárias, se houver uma superabundância de moeda na economia — qualquer que seja o motivo para isso —, a tendência é que os bens 1, 2, 3 e 4 fiquem mais demandados nos seus respectivos mercados. A consequência comum desta situação é a subida geral dos preços, expressos em termos da moeda. Esta subida geral é um processo conhecido como inflação e será discutido adiante.

A evolução da moeda

A história registra que muitos bens foram usados como moeda: pedras, conchas, sal, gado, metais nobres etc. Normalmente, são usados como tal bens que sejam duráveis, isto é, química e fisicamente estáveis; bens que sejam divisíveis, ou seja, sua quantidade pode ser variada quase continuamente, o que é importante para o troco; bens portáteis, no sentido de terem alto valor em relação a seu peso ou seu volume, o que facilita o transporte e a armazenagem — a escassez do ouro e de outros metais nobres é importante aqui; bens homogêneos, isto é, que existem em apenas uma qualidade única; e bens fáceis de reconhecer.

Estas propriedades facilitam as transações, e o ouro e outros metais nobres, como a prata, são substâncias que apresentam, em geral, as qualidades descritas. Daí seu uso intenso como moeda na história. Moedas foram cunhadas em ouro, prata, cobre e outros metais. Foi também comum os governos estabelecerem um imposto sobre a cunhagem da moeda. No Brasil, após o ano de 1790, 1/5 do ouro levado para cunhar era apropriado pela Coroa. Este era o imposto de senhoriagem, e a revolta contra ele e contra a estatização das casas de cunhagem no Brasil — a cunhagem privada foi proibida, tornando-se uma atividade exclusiva do rei — ficou conhecida na nossa história como a Inconfidência Mineira.

Havia também em circulação, em muitos países, recibos de depósitos feitos em ouro no Tesouro. Tais recibos circulavam livremente, em vez do ouro que os lastreava. Este papel-moeda, ou papel-ouro, lastreado em metais preciosos, é o precursor das modernas notas de dinheiro em circulação atualmente. Estas, no entanto, perderam seu lastro em ouro (ou em qualquer outro metal precioso), pois passaram a ser emitidas pelo governo, ainda que tenham mantido, por algum tempo, os dizeres "recibo de ouro depositado no Tesouro" inscritos nelas. Modernamente, as notas são emitidas sem que haja, de fato, nenhum depósito correspondente em metal precioso, ou qualquer outra mercadoria, no Tesouro do país.

Essa emissão de papel-moeda sem lastro —, em geral para financiar gastos públicos —, embora tenha começado muito antes, tornou-se intensíssima e generalizada durante a I Guerra Mundial, devido aos grandes gastos militares dos governos do mundo inteiro, participantes da guerra. O mundo emergiu dessa guerra com muito mais papel-moeda em circulação do que lastro em metal precioso nos tesouros governamentais. Assim, o papel-moeda em circulação tornou-se inconversível em ouro, prata ou o que fosse. Embora esta inconversibilidade não fosse reconhecida imediatamente, ao longo do século XX os governos foram sucessivamente dificultando, tornando parcial e depois suspendendo a conversibilidade de seu papel-moeda em metal precioso. Finalmente, em 1971, os EUA, possivelmente pressionados pelas emissões monetárias decorrentes da guerra do Vietnã, suspenderam totalmente a conversibilidade do dólar, tendo sido esta, talvez, a última moeda importante do mundo que ainda se mantinha parcialmente conversível. Desde 1971 o ouro não é mais um ativo monetário no mundo.

Na realidade, o dólar, mais do que meramente a moeda doméstica norte-americana, é a moeda internacional atual. Ou seja, é a moeda das moedas, no sentido de que, na tabela 6, o dólar é o “bem 5”, e o iene é o bem 1, o real é o bem 2, o euro é o bem 3, o peso é o bem 4 e assim por diante. Não há praticamente mercado direto de iene por real e, para obter reais a partir de ienes, é preciso realizar a troca indireta: primeiro, iene por dólar, e depois dólar por real. Neste sentido, o dólar é a moeda das moedas, é a moeda internacional. E como não tem lastro em metais nobres, até mesmo a atual moeda internacional, o dólar americano, não é conversível em nenhum metal.

Assim, durante o século XX, houve uma mudança substancial no processo de emissão de moeda no mundo inteiro. A emissão sem lastro passou a ser realizada em grande escala, e esse foi o único século da história humana com inflações altas e até mesmo hiperinflações. Não é surpreendente, portanto, que, ao final do século, tenha começado uma discussão sobre como limitar a emissão sem lastro. Programas de metas de inflação, bancos centrais independentes e temas semelhantes são objeto de intenso debate atualmente.

O banco central e a oferta de moeda

O banco central é o órgão de governo responsável pela emissão monetária. Pode fazer isto com o objetivo de financiar o déficit público e, neste caso, diz-se que é fiscal ou orçamentariamente dominado. Ou, pelo contrário, pode fazê-lo tendo em vista estabilizar a economia, comprometendo-se a cumprir metas de inflação, por exemplo. E então é considerado um banco central independente. O Banco Central do Brasil se comprometeu recentemente com um programa de metas de inflação, e não tem financiado o déficit orçamentário do governo.

O regime de metas de inflação

Na atualidade, um número crescente de países tem deixado explícito que a missão de manter a inflação sob controle é responsabilidade de seus bancos centrais. Entre os determinantes do processo inflacionário, já vistos, o banco central mostra-se capaz de influenciar com maior eficácia o nível de demanda agregada e as expectativas inflacionárias.

Nos países que adotam o chamado regime de metas (caso do Brasil desde 1999), o banco central deve manter os índices de inflação dentro de certos intervalos de tolerância e, para isso, utiliza a administração da taxa de juros básica (a Selic, no caso brasileiro).

Assim, com o objetivo de cumprir sua missão, o banco central deve monitorar o ciclo econômico, preocupando-se continuamente em saber se o PIB não está muito distante de seu nível tendencial. Desvios (também chamados de *gaps*) muito grandes na fase de expansão geram pressões inflacionárias e recomendam a elevação das taxas de juros para reduzir o nível excessivo de atividade e impedir o descumprimento da meta. Em um ambiente recessivo, em geral, as empresas têm maiores dificuldades de elevar seus preços. À medida que o banco central observe que a inflação está convergindo para as metas com segurança, ele poderá baixar progressivamente as taxas de juros.

Já as expectativas inflacionárias só podem ser influenciadas indiretamente. Um banco central que se mostre continuamente intolerante com a inflação durante longos períodos cria uma reputação capaz de gerar expectativas favoráveis. Nesse sentido, a chamada "autonomia" ou "independência" do banco central em relação ao governo poderia contribuir para fazer as expectativas convergirem para níveis mais baixos de inflação. Imagine que o banco central observe que a inflação está em alta devido a um choque de custos. Caso ele adote uma postura de acomodação e não eleve as taxas de juros, isso pode provocar um processo de deterioração das expectativas, fazendo com que a alta de preços seja realimentada. Assim, alguns bancos centrais costumam manter juros altos mesmo em períodos de recessão, caso a inflação esteja acima das metas estabelecidas a fim de formar expectativas de inflação futura sob controle.

A relação entre inflação e taxa de juros Selic no Brasil no período 2005-09 está expressa na figura 11. As linhas paralelas representam as metas de inflação para os anos de 2005 a 2009.

Figura 11

Meta para a taxa Selic (Copom), IPCA e metas de inflação no Brasil (%) – (2005-09)

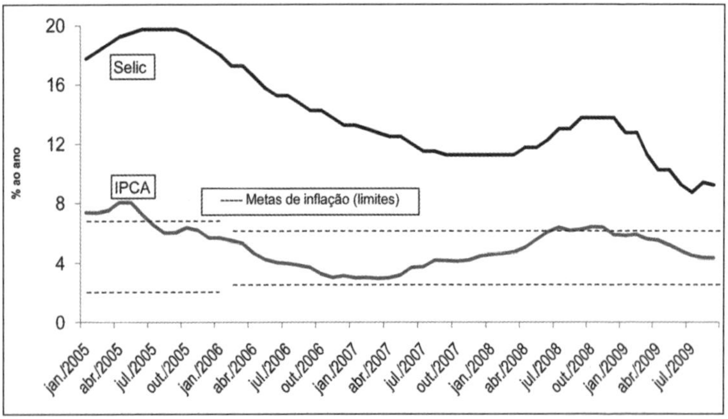

A moeda bancária

Como vimos, a moeda nasceu do aumento do intercâmbio de mercadorias, ou seja, do crescimento dos mercados, que tornou imprescindível a criação de um meio de troca com aceitação geral, usado nos atos de compra e venda, portanto, facilitando a circulação das mercadorias. O dinheiro é o meio de pagamento e de recebimento, intermediário de (quase) todas as trocas na economia, por todos aceito e desejado. O escambo, isto é, a troca direta de mercadorias, é uma tecnologia antiga, muito custosa e inconveniente, que tende a ser usada apenas pelos grupos humanos pouco numerosos, compostos, em geral, de famílias ampliadas.

Vimos também que, para um objeto tornar-se moeda, não precisa ter valor intrínseco, ser um bem valioso em si. Basta ser aceito generalizadamente pela população, que o adota através de uma grande convenção social implícita. No Brasil, são exemplos atuais o vale-refeição, o vale-transporte e os depósitos bancários sujeitos a cheque. Essas diversas formas monetárias são aceitas por boa parte da população brasileira, além do próprio dinheiro emitido pelo governo.

O balanço de um banco

Uma economia moderna tem várias formas de moeda ou dinheiro. Vamos considerar agora a mais importante, além do papel-moeda em circulação: é o chamado dinheiro bancário, constituído dos depósitos sujeitos a cheque. Neste sentido, examinaremos um balanço patrimonial típico de um banco.

O balanço patrimonial de qualquer empresa é composto de duas listas: a do ativo e a do passivo. O ativo dos bancos, ou seja, a lista de seus haveres e direitos, contém, simplificadamente, sua sede e os empréstimos concedidos, sob a forma de títulos comprados ou de empréstimos não securitizados. O passivo do banco, a lista de seus deveres e obrigações, é constituído basicamente pelos depósitos feitos pelos clientes e pelo capital próprio do banco. Veja o exemplo:

Ativo		Passivo	
	($)		($)
Sede	5	Depósitos bancários	100
Empréstimos	105	Capital próprio	10

Os bancos e os intermediários financeiros em geral captam recursos a uma determinada taxa de juros, chamada de taxa de captação, e emprestam (ou aplicam em títulos) a uma taxa de aplicação mais elevada. Nestas operações, embutem, portanto, um *spread*, ou seja, a diferença entre a taxa de aplicação e a de captação. O *spread* bancário cobre os custos administrativos e tributários e inclui um prêmio devido ao risco de inadimplência, além de um valor necessário para compensar os bancos pelo fato de fazerem alguns empréstimos abaixo da taxa de captação, os chamados empréstimos compulsórios para o banco central. Finalmente, a parte que sobra do *spread* é o ganho do banco:

Taxa de aplicação = taxa de captação + *spread*

onde:

spread = compensação pelo empréstimo compulsório ao banco central + prêmio de risco + tributos + custos administrativos + ganho do banco

Especificamente em relação ao prêmio de risco, este depende do volume emprestado e do prazo de resgate da dívida. Também devem ser consideradas, no momento da concessão de um empréstimo, a liquidez e as garantias do tomador. Em geral, o prêmio de risco é calculado de forma que todos os que tomaram uma certa categoria de empréstimo rateiem o possível prejuízo gerado por um devedor que não honre sua dívida.

Além do componente de risco, também tem peso na formação do *spread* o empréstimo compulsório exigido pelo banco central, de maneira que, em geral, quanto maior o percentual de compulsório, maior o *spread*. Quando o banco central reduz o compulsório, o *spread* bancário tende a cair. Isto porque o empréstimo compulsório dos bancos ao banco central remunera com juros nulos, ou, pelo menos, abaixo da taxa de captação bancária. No balanço patrimonial do exemplo anterior, os empréstimos compulsórios estão incluídos no item "Empréstimos" do ativo.

O sistema bancário

Um banco, em geral, faz parte de um sistema bancário, o que permite a qualquer correntista emitir um cheque contra seus depósitos com saldo positivo, sejam estes depósitos à vista ou a prazo, pois os bancos se comunicam constantemente, trocando seus excessos e faltas de dinheiro através do mercado interbancário. Por exemplo, supondo, simplificadamente, que existam apenas dois bancos no sistema: se em algum momento um deles estiver sofrendo saques excessivos, isto é, os saques (em cheque) são maiores que os depósitos (em cheque), necessariamente o outro estará recebendo depósitos excessivos, pois um cheque escrito contra um banco é depositado no outro. Logo, este pode emprestar ao primeiro via mercado interbancário, suprindo suas necessidades. É por isso que os correntistas sempre podem sacar imediatamente, até contra seus depósitos a prazo, apesar de o banco emprestar a prazo mais longo o dinheiro que capta. Todos estes depósitos sujeitos a cheque podem, então, ser usados como meio de pagamento na economia, ou seja, funcionam como dinheiro e constituem a chamada moeda bancária.

O mercado interbancário de moeda é, portanto, muito importante e sua taxa de juros — a taxa interbancária — em geral serve de referência para as taxas de juros da economia como um todo, tanto de captação, quanto de aplicação. Assim, por exemplo, os bancos quase nunca captam recursos pagando taxas acima da interbancária. Isto porque podem captar dinheiro no mercado interbancário diariamente; logo, em geral, não pagarão a nenhum depositante uma taxa superior à do interbancário. No caso brasileiro, os bancos propõem pagar, por exemplo, 95% da taxa CDI (certificado de depósito interbancário), ou coisa semelhante, a um depositante de dinheiro a prazo. De modo similar, quando emprestam, tendem a cobrar dos clientes taxas acima daquela do interbancário, pois, afinal, se cobrassem abaixo, poderiam auferir maior receita emprestando a outra instituição financeira via esse mercado.

Em consequência, a taxa de juros do mercado interbancário é uma espécie de divisor de águas, uma referência das taxas de juros no país, com os bancos normalmente captando recursos abaixo e aplicando acima desta taxa. A taxa interbancária é considerada a taxa de juros básica da economia. A tabela 7 ilustra a evolução das taxas de juros nominais e da inflação, bem como, indiretamente, a evolução das taxas de juros reais praticadas na economia brasileira.

O Banco Central do Brasil atua no sistema interbancário através de sua mesa de operações. Primeiro, é definida a taxa de juros básica da economia, o que é feito aproximadamente a cada 40 dias, nas reuniões do Comitê de Política Monetária do Banco Central (Copom). O Copom estabelece uma taxa interbancária à qual o Banco Central venderá e comprará dinheiro no mercado interbancário. Os bancos passam, então, a negociar entre si nesta taxa interbancária e a tomar dinheiro do público a taxas menores e a emprestar ao público a taxas maiores.

Tabela 7

AS TAXAS DE JUROS NO BRASIL

Data	Taxa interbancária[1] (% a.a.)	Taxa interbancária líquida de impostos[2] (% a.a.)	Inflação nos 12 meses anteriores[3] (%)	Inflação nos 12 meses subsequentes[3] (%)
Jan. 2008	11,6	9,3	4,56	5,84
Fev. 2008	10,0	8,0	4,61	5,90
Mar. 2008	10,5	8,4	4,73	5,61
Abr. 2008	11,3	9,0	5,04	5,53
Maio 2008	11,0	8,8	5,58	5,20
Jun. 2008	12,0	9,6	6,06	4,80
Jul. 2008	13,6	10,9	6,37	4,50
Ago. 2008	12,9	10,3	6,17	4,36
Set. 2008	14,0	11,2	6,25	–
Out. 2008	15,0	12,0	6,41	–
Nov. 2008	12,6	10,1	6,39	–
Dez. 2008	14,2	11,4	5,90	–
Jan. 2009	13,3	10,6	5,84	–
Fev. 2009	10,7	8,6	5,90	–
Mar. 2009	12,2	9,8	5,61	–
Abr. 2009	10,5	8,4	5,53	–
Maio 2009	9,6	7,7	5,20	–
Jun. 2009	9,4	7,5	4,80	–
Jul. 2009	9,8	7,8	4,50	–
Ago. 2009	8,6	6,9	4,36	–

Obs.: [1] CDI; [2] CDI-IR; [3] IPCA.

Quando deseja estimular a demanda da economia, o Banco Central o faz reduzindo a taxa do mercado interbancário. Para isto, aumenta o dinheiro disponível no mercado interbancário ou nas mãos dos bancos, comprando títulos públicos em poder destes (a chamada operação de mercado aberto), ou reduzindo o percentual do compulsório exigido do sistema bancário, ou, ainda, concedendo empréstimos diretamente aos bancos. Quando quer desestimular a demanda na economia, o Banco Central faz o oposto, ou seja, retira dinheiro do sistema e, portanto, aumenta a taxa de juros interbancária. Este dinheiro que o Banco Central retira ou coloca em circulação é conhecido como base monetária. Mas antes de definir exatamente estes e outros agregados monetários, seria interessante entender o mecanismo conhecido como multiplicador da base monetária.

O multiplicador da base monetária

O sistema bancário, ao emprestar o que recebe através dos depósitos do público e permitir a emissão de cheques contra os depósitos à vista ou a prazo, multiplica o total de moeda da economia. Assim, a moeda bancária é um múltiplo do dinheiro emitido pelo governo (banco central), da mesma maneira que o PIB é um múltiplo do total de dinheiro em circulação no país, com cada nota sendo usada mais de uma vez nas transações durante o ano. Exemplificando, se alguém depositar uma nota de R$ 10 num banco, disporá, portanto, de R$ 10 como meio de pagamento, através dos cheques que pode emitir contra o seu saldo bancário. Mas o banco, ao receber a nota de R$ 10, empresta, por exemplo, a uma empresa, que agora também dispõe de R$ 10 como meio de pagamento. Desse modo, os bancos multiplicam o total de moeda na economia, multiplicam a base monetária. E o multiplicador da base registra quantas vezes, em média, cada nota emitida pelo governo cria depósitos bancários.

O que é exatamente a base monetária? Seguem-se algumas definições importantes.

Depósitos compulsórios

São um percentual sobre os depósitos à vista, a prazo e de poupança que os bancos repassam obrigatoriamente para o banco central a juros baixos ou nulos. No Brasil, quem fixa esta proporção é o Conselho Monetário Nacional (CMN).

Base monetária

Decorre da emissão primária de papel-moeda, feita pelo banco central. Assim, é a principal variável de política monetária do governo. Compreende o total de papel-moeda emitido em poder do público e as reservas bancárias. Recentemente, no Brasil, a partir do Plano Real, passou a ser usado também o conceito de base monetária ampliada, que adiciona à base restrita os empréstimos compulsórios do sistema bancário no Banco Central e os títulos federais fora do Banco Central.

M1

É o conceito mais restrito de meios de pagamento, mas muito usado. Compreende o papel-moeda em poder do público, ou seja, o dinheiro (cédulas e moedas) efetivamente detido pelos indivíduos e pelas empresas não financeiras, e os depósitos à vista, que são depósitos contra os quais os correntistas podem emitir cheques (ver tabela 8).

A partir dessas definições, é possível determinar o multiplicador M1 da base monetária, ou seja, quantas vezes o mesmo dinheiro básico emitido circula, em média, gerando moeda bancária. Basta calcular a razão entre M1 e a base monetária.

M2

Compreende, além de M1, os depósitos de poupança e os títulos privados (depósitos a prazo, letras de câmbio, letras hipotecárias e letras imobiliárias).

É fácil perceber que a quantidade de moeda em circulação, entendendo-se como moeda os diversos níveis de ampliação que sua definição pode alcançar, é muito maior que a quantidade efetivamente emitida pelo banco central. Portanto, a base monetária não pode ser a única variável de política monetária do governo, pois, se assim fosse, seria ineficaz. E o governo frequentemente faz uso de medidas monetárias ainda mais amplas para controlar os rumos da economia. Por exemplo, há outras definições de maior escopo (*M*3 e *M*4), que incluem as cotas dos fundos de renda fixa e os títulos federais, estaduais e municipais. Seu uso, pelas autoridades responsáveis pela política monetária, é bastante comum.

Os canais de influência da política monetária

Ao variar a quantidade de moeda da economia, o banco central expande ou contrai a demanda agregada, controlando os níveis gerais de preços e estabilizando a economia. Um raciocínio simples, que permite entender os efeitos e como funciona a política monetária, é o seguinte: imagine que, num dado instante, o público demande uma certa quantidade de moeda representada por *Md*. Se houver uma oferta (*Ms*) de moeda maior, ou seja, $Ms > Md$, as pessoas estarão com mais saldos monetários do que desejam. Então, passarão a demandar mais títulos, fazendo com que seus preços subam (e, portanto, os juros caiam). As menores taxas de juros aumentam a demanda por bens de investimento e de consumo durável, estimulando a economia. É possível também que os saldos monetários excessivos, maiores que os desejados, levem as pessoas a gastar em bens de consumo e em serviços de lazer, estimulando diretamente a economia.

O mecanismo de atuação da política monetária via menor taxa de juros foi enfatizado pelo economista inglês John Maynard Keynes, e aqueles que seguem sua escola são chamados de economistas keynesianos. O mecanismo de atuação que enfatiza os gastos diretos em consumo é conhecido como efeito Pigou, sendo defendido pelos economistas monetaristas. As pesquisas empíricas revelam que a importância relativa dos dois mecanismos varia de país para país e de ocasião para ocasião.

Imagine agora o que aconteceria se $Ms < Md$, isto é, se as pessoas achassem que seus saldos monetários são insuficientes, ou seja, que estão abaixo do que desejam. Elas reduziriam seus gastos, diminuindo, portanto, a demanda agregada.

Tabela 8

MEIOS DE PAGAMENTO NO BRASIL (R$ MILHÕES)

Data	Base monetária	Papel-moeda em poder do público (1)	Depósitos à vista (2)	Meios de pagamento *M*1 (1) + (2)
2004	88.733	52.019	75.927	127.946
2005	101.247	58.272	86.506	144.778
2006	121.102	68.925	105.421	174.345
2007	146.617	82.251	149.179	231.430
2008	147.550	92.379	131.061	223.440

Firmando conceitos

Tenha certeza de que entendeu os conceitos de:

- divisão do trabalho e trocas;
- banco central independente;
- moeda bancária;
- *spread* bancário;
- multiplicador da base monetária.

Exercícios para revisão

- Por que tijolos nunca foram usados como moeda?
- O que é senhoriagem?
- Qual o lastro dos depósitos bancários?

4

Inflação e índices de preços

Inflação e variação de preços relativos

Na economia de qualquer país é perfeitamente factível a ocorrência de oscilações de preços em resposta aos movimentos, nem sempre simétricos, entre a oferta e a demanda pelos bens e serviços. As oscilações de preços são inerentes ao cotidiano de qualquer economia, independentemente de seu nível de desenvolvimento.

Em certos períodos, contudo, podem ocorrer aumentos persistentes e generalizados dos preços, configurando-se, assim, a existência de inflação. Inflação significa um aumento geral dos preços, que pode ser contínuo, aumentando sempre, período após período, ou ocorrer durante um certo tempo apenas, fazendo com que o nível geral de preços se altere de um patamar para outro superior. Considerando o raciocínio e o exemplo desenvolvido na tabela 6, capítulo 3, suponha uma economia com somente cinco bens, em que o bem 5 seja a moeda. Se houver uma superabundância do bem 5 na economia — qualquer que seja o motivo para que isto venha a ocorrer — a tendência é de que os bens 1, 2, 3 e 4 fiquem relativamente mais demandados nos seus respectivos mercados, de 1 pelo 5, de 2 pelo 5, de 3 pelo 5 e de 4 pelo 5. A consequência comum deste processo é a subida geral dos preços, expressos como estão em termos do bem 5. Esta subida geral é a inflação, e está diretamente ligada ao excesso de dinheiro na economia.

Este processo é diferente de quando há mudança nos preços relativos, que é o que ocorre quando o valor de algum bem aumenta em relação ao de outros. Neste caso, algum preço sobe ao mesmo tempo que outros caem, sem haver, necessariamente, mudança no nível geral de preços. Ocorre, portanto, uma variação relativa de preços, o que é bem diferente de inflação (a qual, como se definiu, é uma subida geral dos preços). Podem ocorrer também quedas persistentes e generalizadas dos preços, configurando-se a ocorrência de movimentos deflacionários.

Inflação é uma alta generalizada de preços dos bens e serviços durante um certo período (que pode ser bem longo).

A seguir, vamos considerar mais detalhadamente esta subida geral de preços, discutindo teoricamente a inflação, e como ela ocorre na prática.

Teorias da inflação

As teorias acerca da inflação passaram a ser discutidas mais intensamente durante o século XX, pois foi apenas a partir do início desse século que se tornaram comuns períodos de inflação alta e contínua. Esses processos inflacionários estão associados ao abandono do padrão-ouro e às subsequentes emissões monetárias sem lastro. A inflação passou, então, a ser um assunto novo na teoria econômica, sendo alvo de diversos debates com o objetivo de se chegar ao modelo mais adequado para o seu entendimento e controle.

O modelo mais amplamente aceito atualmente é o que se baseia na chamada equação da curva de Phillips, a qual mostra uma correlação negativa entre a taxa de desemprego dos fatores de produção e a taxa de inflação. Isto significa que quanto maior a taxa de desemprego, menor a taxa de variação da inflação. Ou, ao contrário, que quanto menor a taxa de desemprego, maior a taxa de variação da inflação. Em outras palavras, desemprego e inflação variam inversamente. Uma versão simplificada da equação de Phillips é

$$\mathrm{Inf}_t = \mathrm{Inf}^R_{t-1} + \alpha \mathrm{gap}_t$$

onde:

Inf_t é a inflação no período t;

Inf^R_{t-1} é o componente referencial da inflação, a partir do qual as pessoas se baseiam caso queiram aumentar (ou diminuir) os preços; esta referência, quando se forma a partir de inflações passadas, é chamada de componente inercial da inflação, daí o "$t-1$";

gap_t é a diferença entre produto e produto potencial no período t;

α é o parâmetro a ser explicado.

Para entender como essa equação se aplica na explicação da inflação, suponha uma economia funcionando acima de sua capacidade, ou seja, produzindo além da sua capacidade normal de produção: neste caso, diz-se que a economia está em uma situação de *gap*, ou hiato de produto, positivo. Como nesta economia há excesso de demanda, cada produtor desejará aumentar seus preços. Mas vai aumentá-los em relação a uma certa referência, ou patamar, que não é zero, mas é dada por Inf^R_{t-1}.

Vejamos um exemplo numérico. Imagine uma economia operando continuamente com *gap* positivo de 10%, e uma inflação referencial inicial de 40%. Suponha α = 0,3 (analisaremos o parâmetro α mais detalhadamente em seguida). Teremos:

$$\text{Inf}_t = \text{Inf}^R_{t-1} + \alpha \text{gap}_t$$

- 43% = 40% + α (+10%);
- 46% = 43% + α (+10%);
- 49% = 46% + α (+10%) e assim sucessivamente.

Neste exemplo, vemos que uma economia com uma inflação referencial inicial de 40%, funcionando 10% além de sua capacidade produtiva (*gap* de +10%) e com α = 0,3, passa a ter uma inflação de 43% (veja a primeira linha). Esta inflação de 43% se torna a referencial para o próximo período, de maneira que com o mesmo *gap* e o mesmo α a economia passará a ter inflação de 46% (veja a segunda linha), e assim por diante.

Dessa forma, podemos ver em termos práticos, através da equação de Phillips, como o *gap* positivo, que nada mais é do que a economia superaquecida, acelera a inflação. Acelerar, neste caso, quer dizer que a inflação está crescendo, alcançando taxas cada vez maiores. Em outras palavras, quando a economia está operando com *gap* positivo, a inflação aumenta e os preços sobem em ritmo mais intenso, a passos cada vez mais largos.

Suponha, agora, uma economia funcionando abaixo de sua capacidade, ou seja, produzindo aquém da sua capacidade de produção. Neste caso, diz-se que a economia está em uma situação de *gap*, ou hiato de produto, negativo.

Vejamos um exemplo numérico. Imagine uma economia operando com *gap* negativo de 10% continuamente, e inflação referencial inicial de 40%. Suponha α = 0,3.

$$\text{Inf}_t = \text{Inf}^R_{t-1} + \alpha \text{gap}_t$$

então,

- 37% = 40% + α (–10%);
- 34% = 37% + α (–10%);
- 31% = 34% + α (–10%) e assim sucessivamente.

Neste exemplo, vemos que uma economia com uma inflação referencial inicial de 40%, funcionando 10% aquém de sua capacidade produtiva (*gap* de –10%) e com α = 0,3, passa a ter uma inflação de 37%. Esta inflação de 37% se torna a referencial para o próximo período, de maneira que, continuando o mesmo *gap* e o mesmo α, a inflação cairá para 34%, e assim por diante.

Neste caso, podemos ver como o *gap* negativo, isto é, a economia operando com alta taxa de desemprego dos fatores de produção, ou seja, em recessão, desacelera a inflação. Vale ressaltar que o nível geral de preços ainda aumenta, mas em ritmo cada vez menos intenso, traduzido em menores taxas de inflação.

Curiosamente, é possível estabelecer uma analogia entre a curva de Phillips e uma equação nutricional que explica o peso das pessoas. O peso de uma pessoa hoje depende primeiramente do seu peso ontem (inércia), adicionado ao que esta pessoa comeu a mais (ou a menos) do que precisa para se manter, multiplicado por um coeficiente específico para esta pessoa, o qual reflete a sua propensão a engordar (o que depende da sua estrutura orgânica, metabolismo etc.):

Peso hoje = peso ontem (inércia) + propensão a engordar (a) × o que comeu a mais, ou a menos, do que necessita para se manter (*gap*)

O "peso ontem" seria análogo à inflação referencial, a "propensão a engordar" ao coeficiente α, e "o que comeu a mais, ou a menos", ao *gap*.

O coeficiente α

Falta agora definir o que é α. É um coeficiente estrutural da economia, estimado pelos econometristas, que traduz o quão rápido a recessão reduz a taxa de inflação, ou o superaquecimento se traduz em mais inflação. Evidentemente, este coeficiente é específico de cada economia, pois depende principalmente da cultura de revisão de preços das empresas. Se as empresas reajustam seus preços rapidamente, α é alto. Se o ritmo de reajuste é lento, então α é baixo. Geralmente, o coeficiente α varia lentamente ao longo do tempo. Uma mesma economia pode possuir coeficiente α assimétrico, dependendo de a situação ser de aumento ou redução de preços. Ou seja, uma economia pode ser rápida no reajuste para cima de seus preços (α alto) e lenta no reajuste para baixo (α baixo). Neste caso, dizemos que há rigidez para baixo dos preços.

Consequências da inflação

A consequência do movimento inflacionário é perversa para a sociedade. A moeda, ao perder seu poder de compra, eleva os custos nominais dos produtos, e como todos os preços e salários não são reajustados na mesma proporção, nem de forma antecipada, a inflação acaba impondo custos elevados e desiguais para os mais distintos segmentos da economia, constituindo um imposto adicional denominado inflacionário. Esse imposto afeta indiscriminadamente todos aqueles que têm moeda; entretanto, seu efeito é bem maior para os que não dispõem, no mercado, de mecanismos de proteção. Uma consequência direta do imposto inflacionário é seu efeito redistributivo.

A inflação gera transferência de riqueza e de renda entre os diferentes grupos sociais. Numa transação econômica realizada por meio de um contrato futuro, por exemplo, que não contemple a taxa de inflação esperada, trará sérios prejuízos para o credor que receberá seu pagamento corroído pela inflação. Isso gera transferência de riqueza dos credores para os devedores. O mesmo raciocínio serve para o efeito perverso de transferência de renda. A inflação deteriora o salário nominal no mercado de trabalho. Entretanto, os impactos da deterioração serão bem diferenciados, dependendo do grau de sindicalização das distintas categorias profissionais.

A inflação também dificulta o cálculo dos custos empresariais e suas projeções de preços futuros; portanto, ao aumentar a incerteza, a inflação reduz o investimento e o crescimento da economia.

Políticas contra a inflação

Com relação às políticas antiinflacionárias, a curva de Phillips sugere duas possibilidades:

- políticas ortodoxas — atuam no componente do *gap* (são as políticas em geral empregadas ou sugeridas pelo FMI), isto é, promovem uma recessão (*gap* negativo) para combater a inflação;
- políticas heterodoxas — atuam no componente referencial da inflação, procurando eliminar a memória inflacionária embutida na economia.

As políticas ortodoxas de combate à inflação têm fortes contraindicações, pois, atuando no componente *gap*, fazem com que a economia opere abaixo de sua capacidade, ou seja, em recessão. Assim, por seus efeitos colaterais, as políticas ortodoxas devem ser usadas apenas para controlar pequenas inflações, por um curto espaço de tempo. O Plano Collor se enquadra como política ortodoxa de combate à inflação, pois cortou violentamente a demanda agregada. A economia brasileira mergulhou em recessão.

As políticas heterodoxas, como dito anteriormente, atuam sobre o componente referencial (ou inercial) da inflação, exigindo normalmente mudanças institucionais extensas e profundas. O Plano Cruzado e o Plano Real são exemplos de políticas heterodoxas de combate à inflação.

A influência cambial na inflação

A teoria da inflação baseada na curva de Phillips aplica-se quando os preços em questão formam-se no mercado doméstico, isto é, os produtos envolvidos são domésticos, respondendo ao excesso (ou à falta) de demanda interna. Mas numa economia como a brasileira, além dos bens domésticos (serviços em geral, como os de barbearia, por exemplo), isto é, bens que não são comercializados internacionalmente, há também os bens internacionais, ou seja, aqueles cujos preços se formam em mercados fora do Brasil e se projetam na nossa economia segundo esta equação:

> Preço no exterior (em geral, em US$) × taxa de câmbio (R$/US$) = preço em reais

A soja, por exemplo, tem cotação internacional em dólar, e seu preço no Brasil é, em princípio, igual a seu preço em dólar, multiplicado pela taxa de câmbio. Idem para o petróleo (US$ 30/barril × R$ 3/US$ = R$ 90/barril). Se, por acaso, a taxa de câmbio subir para R$ 4/US$, o petróleo vai passar a custar no Brasil R$ 120/barril. É preciso, também, considerar o custo de transporte, o que não foi feito neste cálculo.

No Brasil, atualmente, cerca de 20% dos bens e serviços podem ser considerados internacionais, isto é, seus preços não respondem à situação de demanda e oferta domésticas. Mas, se houver uma desvalorização cambial, com a cotação do dólar subindo, digamos, de R$ 3 para R$ 4, essa mudança vai refletir-se instantaneamente nos preços em reais desses bens.

Vejamos um exemplo numérico: considere uma situação em que ocorre uma desvalorização do real de 50%. Supondo que não haja alteração nos preços dos bens domésticos, esta desvalorização acarretará uma inflação de:

$$50\% \times 0{,}2 + 0\% \times 0{,}8 = 10\%$$

pois 20% (0,2) dos bens e serviços no Brasil são comercializados internacionalmente, seus preços em real respondem à taxa de câmbio, que se desvalorizou 50%; e 80% (0,8) dos bens e serviços, sendo domésticos, não sofrem alteração de preços.

Na verdade, a inflação de 10% pode ser ainda maior, na medida em que o dólar seja usado como referência para a formação dos preços domésticos. Melhor dizendo, na curva de Phillips, o componente de inflação referencial pode usar como referência a cotação do dólar (ou o salário mínimo, ou o preço dos combustíveis, ou qualquer outro preço de grande visibilidade). O resultado final, quando o real se desvaloriza em 50%, pode ser, portanto, uma inflação superior a 10%, na medida em que, na fórmula anterior, os 80% (0,8) de bens domésticos não vão apresentar apenas 0% de inflação.

A influência da taxa de câmbio na inflação é chamada pelo seu termo em inglês *passthru*, ou *passthrough*. No Brasil, esta influência é pequena, ou seja, o *passthru* é baixo, permitindo ao país adotar um regime de câmbio flutuante sem desestabilizar substancialmente a inflação. Em países com alto *passthru*, parece ser mais recomendável o uso de regime cambial fixo, ou de união monetária, de modo a evitar que as variações cambiais desestabilizem excessivamente os preços praticados no país.

Finalmente, cabe observar que a variação cambial provoca um aumento único dos preços. No exemplo anterior, 50%

de desvalorização provocaram 10% de inflação. Mas, uma vez que o câmbio pare de subir, seu efeito inflacionário também cessa. A mudança cambial implica, então, uma mudança do patamar de preços, e não necessariamente inflação permanente. A não ser que, no país em questão, haja um extenso sistema formal e informal de indexação, estendendo para o futuro as atuais variações da inflação.

A história da inflação no país

O Instituto Brasileiro de Economia da Fundação Getulio Vargas (Ibre/FGV) vem acompanhando o comportamento do nível geral de preços da economia brasileira por várias décadas. O movimento inflacionário, de acordo com a metodologia adotada pelo índice geral de preços-disponibilidade interna (IGP-DI), apresentado na tabela 9, pode ser observado desde meados da década de 1940.

Tabela 9

Evolução do IGP-DI (1945-2008)

Ano	Variação anual (%)	Ano	Variação anual (%)	Ano	Variação anual (%)	Ano	Variação anual (%)
1945	11,11	1961	47,78	1977	38,78	1993	2.708,17
1946	22,22	1962	51,60	1978	40,81	1994	1.093,89
1947	2,73	1963	79,92	1979	77,25	1995	14,78
1948	7,97	1964	92,12	1980	110,24	1996	9,34
1949	12,29	1965	34,24	1981	95,20	1997	7,48
1950	12,41	1966	39,12	1982	99,72	1998	1,70
1951	12,34	1967	25,01	1983	210,99	1999	19,98
1952	12,72	1968	25,49	1984	223,81	2000	9,81
1953	20,51	1969	19,31	1985	235,11	2001	10,40
1954	25,86	1970	19,26	1986	65,03	2002	26,41
1955	12,15	1971	19,47	1987	415,84	2003	7,67
1956	24,55	1972	15,72	1988	1.037,56	2004	12,14
1957	6,96	1973	15,54	1989	1.782,89	2005	1,22
1958	24,39	1974	34,55	1990	1.476,71	2006	3,79
1959	39,43	1975	29,35	1991	480,23	2007	7,89
1960	30,47	1976	46,26	1992	1.157,83	2008	9,10

Fonte: FGV.

Como podemos verificar, na segunda metade da década de 1940 a inflação mostrou-se elevada, porém sem uma tendência claramente definida. Nesses anos, a taxa de câmbio nominal permaneceu inalterada até os idos de 1952 e, portanto, os importados (essencialmente os bens intermediários e de capital) não pressionaram os custos de produção.

Ao longo dos anos 1950, o aprofundamento da diversificação industrial (criação de novos segmentos produtivos) e os elevados investimentos em infraestrutura básica, associados à desvalorização da taxa de câmbio nominal, causaram impactos negativos sobre as contas públicas. As receitas públicas eram insuficientes para cobrir os gastos elevados, pois a carga tributária nessa época não ultrapassava, em média, 13% do PIB. O financiamento do déficit público ocorria, então, por meio de intensas emissões de moeda. Como consequência do aumento da monetização, a inflação mudou de patamar, com uma média de 20,2% para o período 1950-60, ante uma média de 11,3% entre 1945 e 1949. Os movimentos inflacionários que daí decorreram explicam-se pelo excesso de moeda na economia doméstica.

A partir de 1964, com a instauração do regime militar no comando da economia, foi criado o Programa de Ação Econômica de Governo (Paeg), que, além de contemplar reformas estruturais profundas, tinha como objetivo central combater a inflação. O controle rígido dos níveis salariais e a adoção de uma política monetária contracionista foram os instrumentos escolhidos pelo governo para reduzir a taxa de inflação. O nível geral de preços recuou, a partir de 1965, em 2/3, mantendo-se num patamar abaixo de 20% a.a. até meados dos anos 1970.

No período do milagre econômico, entre 1967 e 1973, o crescimento industrial foi notadamente elevado, sobretudo no segmento de bens de consumo durável, impulsionado pela expansão do crédito direto ao consumidor. Paralelamente, o governo passou a adotar uma política gradualista de combate à inflação. O país alcançou invejáveis taxas de crescimento (média de 10,2% a.a.), com níveis comparativamente baixos de inflação (média de 16,4% a.a.). A crise do petróleo, em 1973, ao desacelerar o crescimento das principais economias mundiais, gerou déficits comerciais que, associados aos elevados gastos públicos, em decorrência do *boom* econômico do período anterior, impulsionaram para cima as taxas inflacionárias. A partir de então, os níveis de preços dobraram em relação ao período anterior: a inflação passou a situar-se acima de 30% a.a.

No final da década de 1970 e começo dos anos 1980, com o segundo choque do petróleo, ocorreram fortes elevações das taxas de inflação. Os sucessivos aumentos dos preços do barril do petróleo, além dos choques agrícolas ocorridos no Brasil em 1975 e 1977, causaram movimentos de alta de preços no mercado interno. A dificuldade em captar linhas externas de crédito, devido à contração da liquidez internacional, para fazer frente aos enormes déficits em transações correntes, exigiu do governo, em 1981, a adoção de um pacote fiscal e monetário contracionista. O Brasil experimentou uma fase de estagflação, que se caracteriza por variações altas da inflação, próximas a 100%, e forte recessão do PIB real. Os anos seguintes reforçaram a noção de que a economia brasileira estava totalmente indexada. Nessa época começou a nascer a percepção generalizada de que os agentes econômicos se movimentavam tendo na memória a inflação passada como patamar mínimo de novos reajustes de custos e preços.

A constatação de que a alta dos preços se fazia presente na economia brasileira, independentemente de sua performance (hiato entre a capacidade instalada e a produção efetiva) e do nível da demanda agregada, levou alguns economistas a identificar a existência de uma cultura de repasse dos aumentos dos custos para os preços finais e vice-versa.

No Brasil, a inflação presente trazia um componente inercial significativo. Os agentes econômicos praticavam a plena indexação dos preços, e a inflação tornou-se apenas ato contábil de atualização monetária. Na sociedade brasileira estava instaurada a memória inflacionária, o que trouxe sérios prejuízos sociais, sobretudo para as camadas mais desprotegidas da população, constituindo uma das causas primeiras da perversa concentração do nível de renda. O ambiente tornou-se propício à implantação de pacotes econômicos. O país passou a enfrentar as maiores taxas de inflação já registradas em sua história.

Os planos heterodoxos não tiveram, inicialmente, sucesso no combate à inflação. Mas o Plano Real, implementado em duas etapas, março e julho de 1994, foi bem-sucedido. Desde 1995, a taxa de inflação medida pelo IGP-DI tem sido baixa, em comparação aos movimentos históricos de alta dos preços. A brusca subida da taxa de inflação, de 19,9%, registrada no ano de 1999, decorreu da mudança do regime cambial adotado a partir de julho de 1994. O então sistema de bandas cambiais, monitorado pelo Banco Central, foi substituído, em janeiro de 1999, pelo regime de livre flutuação, que se caracterizava pelas intervenções esporádicas e aleatórias do Banco Central no mercado de divisas estrangeiras.

Planos de estabilização no Brasil

No Brasil, a partir de meados da década de 1980, houve várias tentativas de políticas de combate à inflação. Vejamos, a seguir, alguns exemplos de políticas ortodoxas e heterodoxas no caso brasileiro, e em que medida foram bem ou malsucedidas.

Plano Collor

O Plano Collor é um exemplo de política ortodoxa de combate à inflação no Brasil, implantado em março de 1990. Como vimos, as políticas ortodoxas têm como característica cortar a demanda agregada, fazendo com que a economia opere abaixo de sua capacidade, ou seja, em recessão. E foi isso que o Plano Collor provocou quando determinou o confisco das contas bancárias — entre outras medidas, como a desindexação salarial, o ajuste fiscal e a criação de uma nova moeda, com o corte de três zeros, o cruzeiro (Cr$).

No entanto, essas medidas mergulharam a economia brasileira em uma recessão profunda, tornando-se insustentáveis. Quase imediatamente o governo adotou uma política monetária expansionista, aumentando a emissão monetária.

O Plano Collor foi um exemplo clássico da política de *stop and go*, isto é, apertou e depois soltou a economia, pois os ganhos provenientes do controle da inflação não compensaram as perdas econômicas e políticas do plano. O confisco bancário e as consequências das medidas adotadas geraram uma forte crise de confiança em relação ao governo Collor, confiança essa que não foi recuperada. A tabela 10 mostra a evolução do IPC-BR durante 1990.

Tabela 10

**PLANO COLLOR:
EVOLUÇÃO DO IPC-BR (1990)**

Mês	IPC-BR (%)
Janeiro	72,8
Fevereiro	67,5
Março	80,7
Abril	17,2
Maio	9,6
Junho	12,8

continua

Mês	IPC-BR (%)
Julho	14,7
Agosto	12,9
Setembro	13,1
Outubro	14,0
Novembro	16,7
Dezembro	18,9

Fonte: FGV.

Plano Cruzado

Um exemplo de política heterodoxa de combate à inflação é o Plano Cruzado, adotado em fevereiro de 1986, no governo José Sarney. A principal medida foi o congelamento de preços e salários, com o objetivo de apagar a memória inflacionária do país. Esse plano teve amplo apoio da população, que fiscalizava o congelamento dos preços (os chamados "fiscais do Sarney"). Foi criada uma nova moeda, com corte de três zeros: o cruzado (Cz$).

O plano, no entanto, não foi acompanhado das reformas monetárias, fiscais e estruturais necessárias para apagar a inflação do país, e a demanda agregada acabou por subir além da capacidade de produção da economia. Na verdade, o congelamento não apenas retirou o componente inercial da inflação, mas, por ter-se alongado, gerou uma espécie de represamento que, por sua vez, gerou uma série de distorções de preços. Para se ter uma ideia, após algum tempo de congelamento, um carro novo era mais barato que um usado, e o boi gordo custava menos que o boi magro. O Plano Cruzado tornou-se insustentável e a inflação voltou a explodir. A tabela 11 mostra a evolução do IPC-RJ de janeiro de 1986 a janeiro de 1987.

Tabela 11
**PLANO CRUZADO:
EVOLUÇÃO DO IPC-RJ
(JAN. 1986-JAN. 1987)**

Mês	IPC-RJ (%)
Jan. 1986	15,7
Fev.1986	12,7
Mar.1986	7,8
Abr. 1986	1,1
Maio1986	0,8
Jun.1986	0,6
Jul.1986	0,6
Ago.1986	0,9
Set.1986	0,9
Out.1986	1,0
Nov.1986	2,1
Dez.1986	7,5
Jan.1987	14,3

Fonte: FGV.

Plano Real

Outro exemplo de política heterodoxa de estabilização da economia é o Plano Real, adotado no governo Itamar Franco, em duas etapas. A primeira foi iniciada em março de 1994, quando foi criada a unidade referencial de valor (URV), indexador diário e oficial que correspondia à variação dos preços dos bens e serviços. Assim, os preços "urvizados" ficavam estáveis. A URV existia paralelamente ao padrão monetário oficial, o cruzeiro real (CR$).

A segunda etapa foi iniciada em 1º de julho de 1994, quando houve a conversão do cruzeiro real em real (R$) pela URV do dia 30 de junho de 1994, de maneira que CR$ 2.750 corresponderam a R$1. Ao manter a economia superindexada, via URV, por quatro meses, o governo visava apagar a memória inflacionária do país, o que de fato ocorreu. Muitos atribuem o sucesso do Plano Real ao câmbio, mas isso é incorreto, porque o câmbio influencia apenas 20% dos preços da nossa economia. O Plano Real foi bem-sucedido porque acabou com o componente inercial da inflação (I_R). A tabela 12 apresenta a evolução do IPC-BR em 1994.

Tabela 12
PLANO REAL:
EVOLUÇÃO DO IPC-BR
(1994)

Mês	IPC-BR (%)
Janeiro	42,7
Fevereiro	42,0
Março	43,5
Abril	45,6
Maio	43,8
Junho	49,1
Julho	32,4
Agosto	2,6
Setembro	1,5
Outubro	2,6
Novembro	3,1
Dezembro	1,1

Fonte: FGV.

Síntese dos diferentes planos de estabilização brasileiros

Além dos planos Cruzado e Real, outros exemplos de planos heterodoxos são o Bresser e o Verão. O quadro 4 busca sintetizar os diferentes planos no que concerne às suas principais medidas e resultados.

Quadro 4

PLANOS DE ESTABILIZAÇÃO DA ECONOMIA BRASILEIRA

Plano	Principais medidas	Resultados
Cruzado (fev. 1986)	❑ Congelamento de preços e salários. ❑ Desindexação da economia. ❑ Criação da moeda cruzado, com corte de três zeros.	❑ Preços e taxas de câmbio estáveis por seis meses. ❑ Crescimento acelerado do PIB. ❑ Saldo negativo no balanço de pagamentos.
Bresser (jun. 1987)	❑ Congelamento geral de preços e salários. ❑ Proposta de ajuste fiscal. ❑ Proposta de redução da dívida externa.	❑ Preços e salários estáveis por três meses. ❑ Fracasso no ajuste fiscal. ❑ Fracasso na negociação da dívida externa. ❑ Política monetária expansionista. ❑ Crescimento moderado do PIB. ❑ Superávit na balança comercial. ❑ Saldo negativo do balanço de pagamentos.
Verão (jan. 1989)	❑ Congelamento de preços, salários e câmbio. ❑ Elevação da taxa interna de juros. ❑ Proposta de ajuste fiscal. ❑ Desindexação parcial. ❑ Criação da moeda cruzado novo, com corte de três zeros. ❑ Introdução de uma nova indexação diária.	❑ Preços e salários estáveis por dois meses. ❑ Políticas monetária e fiscal expansionistas. ❑ Redução do superávit comercial. ❑ Não pagamento da dívida externa. ❑ Altas taxas de inflação. ❑ Saldo negativo no balanço de pagamentos.
Collor (mar. 1990)	❑ Controle de preços e salários. ❑ Confisco das contas bancárias. ❑ Taxa de câmbio apreciada. ❑ Ajuste fiscal. ❑ Criação da moeda cruzeiro, com corte de três zeros. ❑ Suspensão dos pagamentos da dívida externa. ❑ Desindexação de salários.	❑ Preços e salários estáveis por dois meses. ❑ Política monetária expansionista. ❑ Fraca performance comercial. ❑ Ajuste fiscal ineficiente. ❑ Queda acentuada do PIB. ❑ Fuga de capital estrangeiro. ❑ Saldo negativo no balanço de pagamentos.

continua

Plano	Principais medidas	Resultados
Real (mar.-jul. 1994)	❑ Renegociação da dívida externa e abertura comercial ampla. ❑ Criação de um indexador correspondente à variação do CR$ (URV). ❑ Proibição de indexação de contratos por prazo inferior a um ano. ❑ Conversão da moeda cruzeiro real em real, pela URV de 1-7-1994. ❑ Preços e salários livres. ❑ Salário mínimo reajustado anualmente. ❑ Implantação do sistema de bandas cambiais. ❑ Implantação do sistema de metas monetárias. ❑ Aceleração do processo de privatização. ❑ Reservas internacionais como lastro para a nova moeda (real).	❑ Forte queda da inflação. ❑ Inserção das classes C e D no mercado consumidor. ❑ Remonetarização e aquecimento da economia. ❑ Redução do superávit comercial. ❑ Fim do imposto inflacionário. ❑ Crescimento acelerado do PIB. ❑ Aumento dos gastos públicos. ❑ Fragilização do sistema bancário. ❑ Forte ingresso de capitais externos. ❑ Taxa de câmbio (R$/US$) valorizada.

Principais índices de preços

A alta do nível de preços é medida por meio de inúmeros índices, obtidos a partir do comportamento dos preços coletados em certos intervalos constantes de tempo (final de mês, nos primeiros 10 dias do mês ou, ainda, relativos à primeira quinzena de cada mês, por exemplo) e ponderados de acordo com uma determinada cesta de bens e serviços. No Brasil, os índices de preços são elaborados e publicados por diferentes instituições (privadas e públicas) e servem para objetivos específicos, tendo uma abrangência setorial, regional e nacional.

INPC (restrito)

Elaborado pela Fibge, o índice nacional de preços ao consumidor abrange uma cesta de bens e serviços consumidos por famílias com renda de um a oito salários mínimos em 11 regiões metropolitanas (Rio de Janeiro, Porto Alegre, Belo Horizonte, Recife, São Paulo, Brasília, Belém, Fortaleza, Salvador, Curitiba e Goiânia).

IPCA (amplo)

Elaborado pela Fibge, o índice de preços ao consumidor amplo abrange uma cesta de bens e serviços consumidos por famílias com renda de um a 40 salários mínimos em 11 regiões metropolitanas (Rio de Janeiro, Porto Alegre, Belo Horizonte, Recife, São Paulo, Brasília, Belém, Fortaleza, Salvador, Curitiba e Goiânia). Os itens da cesta são idênticos aos do INPC, porém com pesos diferenciados (tabela 13).

Tabela 13

IPCA:

ESTRUTURA DE PESOS POR NÍVEL DE GRUPO E REGIÃO METROPOLITANA (%)

Item	Região metropolitana										
	Rio	Porto Alegre	Belo Horizonte	Recife	São Paulo	Brasília	Belém	Fortaleza	Salvador	Curitiba	Goiânia
Alimentação	25,89	23,88	24,60	28,35	24,52	20,74	29,38	29,32	27,04	23,07	19,47
Habitação	11,72	8,81	10,50	8,90	11,47	11,21	8,68	8,37	8,83	9,25	10,65
Artigos de residência	7,64	8,33	7,49	8,49	8,18	8,40	7,77	8,66	8,99	9,80	8,19
Vestuário	11,52	15,34	13,70	12,98	11,92	13,82	14,16	12,76	14,80	15,21	14,18
Transporte e comunicação	17,74	18,10	17,80	16,98	20,41	21,01	14,22	17,16	16,78	18,38	19,49
Saúde/ cuidados	8,63	9,44	8,75	8,89	8,97	8,46	9,90	8,18	7,43	10,17	11,43

continua

Item	Região metropolitana										
	Rio	Porto Alegre	Belo Horizonte	Recife	São Paulo	Brasília	Belém	Fortaleza	Salvador	Curitiba	Goiânia
Despesas pessoais	16,86	16,13	17,18	15,41	14,53	16,36	15,90	15,54	16,13	14,13	16,59
Geral	13,25	8,28	9,42	4,22	37,31	3,70	4,05	2,58	6,11	6,86	4,22

Fonte: IBGE.

IPC

Elaborado pela Fipe/USP, o índice de preços ao consumidor abrange famílias com rendas entre um e 40 salários mínimos, residentes na Região Metropolitana de São Paulo, e tem periodicidade semanal (tabela 14).

Tabela 14
IPC:
ESTRUTURA DE PESOS POR NÍVEL DE GRUPO

Item	Peso (%)
Alimentação	22,6
Habitação	33,8
Transporte	15,7
Despesas pessoais	12,3
Vestuário	5,3
Saúde	7,1
Educação	3,2
Total	100,0

IGP-M

Elaborado pela FGV, o índice geral de preços do mercado tem a seguinte composição:

- índice de preços no atacado (IPA) = 60%;
- índice de preços ao consumidor — Brasil (IPC-BR) = 30%;
- índice nacional da construção civil (INCC) = 10%.

Este índice é publicado segundo dois conceitos:

- oferta global — produção interna, ou seja, PIB + importações;
- disponibilidade interna — oferta global, ou seja, PIB + importações – exportações = consumo agregado + investimento bruto + gastos públicos.

IGP-10 e IGP-DI

Elaborados pela FGV, esses índices gerais de preços têm metodologia idêntica à do IGP-M. O IGP-10 compreende o período entre o dia 11 do mês anterior ao de referência e o dia 10 do mês de referência. Já o IGP-DI, índice geral de preços — disponibilidade interna, refere-se à coleta de preços do mês pleno.

IPA

Elaborado pela FGV, o índice de preços no atacado é mensal, contemplando 477 produtos industriais e agropecuários, matérias-primas agrícolas e industriais, intermediários (semielaborados) e produtos finais. Abrange 23 regiões metropolitanas.

INCC

Elaborado pela FGV, o índice nacional da construção civil é mensal e contempla 701 itens, dos quais 640 são relativos a materiais e serviços correlatos e 61 à mão de obra. Abrange 23 regiões metropolitanas.

Firmando conceitos

Tenha certeza de que entendeu os conceitos de:

- inflação *versus* variações de preços relativos;
- inflação inercial;
- política antiinflacionária heterodoxa;
- efeitos distributivos da inflação;
- índice de preços.

Exercícios para revisão

- O que é inflação referencial?
- Explique a equação de Phillips.
- Por que o combate ortodoxo à inflação vem acompanhado de recessão?

5

Balanço de pagamentos

Balanço de pagamentos e regras cambiais

As relações econômicas de um país com o exterior têm grande importância em economia. O estudo dessas relações será feito neste capítulo em duas etapas. Inicialmente, é preciso discutir o conceito de *taxa de câmbio*. Como as relações econômicas internacionais são realizadas em moeda estrangeira (majoritariamente, o dólar norte-americano), é preciso compreender os mecanismos de conversão de transações em moeda nacional para moeda estrangeira. Essa é a chamada taxa de câmbio. Em seguida, deve-se analisar o *balanço de pagamentos*, pois as relações com o resto do mundo envolvem um número elevado de transações, cada uma com sua lógica e importância próprias. O registro sistemático dessas relações, seguindo regras contábeis padronizadas internacionalmente, é chamado de balanço de pagamentos. Por fim, será possível analisar em detalhes os determinantes das relações comerciais e financeiras de um país com o resto do mundo, bem como os modelos de intervenção do banco central no mercado cambial, isto é, os *regimes cambiais*.

Taxas de câmbio

Numa economia de mercado, um dos elementos mais importantes para a tomada de decisão por parte das empresas e das pessoas físicas são os preços dos bens e serviços. Como vimos nos capítulos anteriores, especialmente no estudo da microeconomia, os preços orientam as escolhas dos consumidores e também as estratégias de ação das empresas. Mas, quando passamos ao estudo das relações econômicas internacionais, desde logo encontramos um problema: os preços em diferentes países do mundo são fixados em moedas diferentes. Considere um turista que viaja para fora de seu país. Ao chegar à França, por exemplo, depara-se com uma grande liquidação de roupas. Se esses produtos forem similares aos brasileiros, o turista gostaria de poder comparar os preços para decidir se vale a pena comprá-los no exterior. A variável decisiva para essa comparação chama-se taxa de câmbio, ou seja, o preço da moeda europeia (euro) em termos de reais.

Exemplo: suponha uma camisa cujo preço na loja francesa seja € 45,00. Uma camisa similar no Brasil pode ser comprada por R$ 135,00. Se você estivesse no lugar desse turista, qual seria sua decisão? Se você já tem o preço de ambas as camisas, que informação ainda falta para que se decida a comprar ou não a camisa francesa, supondo que os custos de transportar a camisa até o Brasil são desprezíveis? Que mais é necessário saber?

É necessário saber a taxa de câmbio entre euros e reais. Podemos compreender, assim, o primeiro e mais imediato sentido das taxas de câmbio.

> *Taxa de câmbio nominal* é a taxa à qual podemos trocar unidades da moeda de um país por unidades da moeda de outro.

No exemplo numérico mencionado, se a taxa de câmbio de reais por euro for inferior a R$ 3,00, o turista comprará a camisa na França. Caso contrário, deixará para comprá-la no Brasil.

Quando ocorre uma alta da taxa de câmbio, isto significa que precisamos de mais unidades de nossa moeda para comprar uma unidade de moeda estrangeira, ou seja, ocorre uma desvalorização cambial do real. Quando a taxa de câmbio cai, isso significa que precisaremos de menos unidades de nossa moeda para comprar uma unidade de moeda estrangeira. Nesse caso, ocorre uma valorização cambial. Assim, é fácil notar que, quando há uma alta na taxa de câmbio, um turista que anteriormente compraria a camisa francesa pode decidir deixar para comprar no Brasil.

Em termos mais formais, pode-se representar a operação de comparar os dois preços da seguinte forma:

$$P^{R\$} = E \times P^{\bullet}$$

onde $P^{R\$}$ é o preço em reais do bem estrangeiro, a ser comparado com o preço da camisa brasileira (P), E é a taxa de câmbio (reais por euro) e $P^{€}$ é o preço em euros do bem estrangeiro.

> A variável *E* da fórmula acima é a taxa de câmbio nominal, que é, por definição, o preço de uma unidade de moeda estrangeira em moeda nacional.

Os preços nos dois países e a taxa de câmbio nominal entre suas moedas podem variar; o que ocorre com frequência, aliás. Como não poderia deixar de ser, esse fato altera o comportamento dos agentes econômicos nas suas escolhas quanto a comprar em seu próprio país ou no exterior.

Suponha que, passado cerca de um ano, o turista do exemplo anterior esteja se preparando para uma nova viagem. Devido à inflação no Brasil, aquela camisa similar à francesa agora custa R$ 160,00. Ele começa a pensar em separar algum dinheiro para comprar uma ou duas camisas francesas. Afinal, no ano anterior seu preço em reais era de R$ 135,00! Mas também ocorreu alguma inflação na França e um amigo francês o preveniu de que aquela camisa agora custa € 47,00. Em outras palavras, o preço da camisa subiu cerca de 18,5% no Brasil e cerca de 4,4% na França. Novamente, a taxa de câmbio vai ser decisiva para a escolha de onde comprar.

Suponha que a taxa de câmbio tenha passado para R$ 3,10/ €1,00. Agora, o preço da camisa francesa em reais será (R$ 3,10/ €1,00) × €47,00 = R$ 145,70. Observe que a camisa francesa tem um preço em reais inferior ao da similar brasileira. O produtor brasileiro agora está em desvantagem competitiva. Isso ocorreu porque o preço da camisa no Brasil subiu mais que na França e a variação cambial nominal não compensou esse diferencial de variação de preço no período (inflação).

Quando consideramos a evolução conjunta da taxa de câmbio nominal e dos preços em dois países diferentes, estamos tratando com o conceito de taxa de câmbio real. No exemplo anterior, houve uma alta da taxa de câmbio nominal, que passou de R$ 3,00 por euro para R$ 3,10 por euro. Isoladamente, esse fato deveria fazer com que os preços dos produtos franceses ficassem relativamente mais altos quando convertidos em reais. Se não houvesse inflação nem no Brasil nem na França, aquela camisa cujo preço era de €45,00 custaria o equivalente a R$ 135,00 no primeiro ano e R$ 139,50 no segundo ano, ou seja, sempre mais que a camisa similar brasileira. Mas a alta do preço no Brasil, muito superior à observada na França, acabou invertendo esse quadro. Em resumo, embora tenha havido uma desvalorização nominal de nossa moeda em relação ao euro, em termos reais (isto é, considerando a inflação nos dois países) os produtos franceses ficaram mais baratos. Nesse caso, dizemos que houve uma valorização real da moeda brasileira.

Em termos formais, a taxa de câmbio real no momento *t* é calculada da seguinte forma:

$$R_t = (E_t \, . \, P_t^{€}) \, / \, P_t$$

onde R_t é a taxa de câmbio real, E_t é a taxa de câmbio nominal, $P_t^{€}$ é o nível de preços em euros e P_t é o nível de preços em reais.

> A variável *R* é, por definição, o preço relativo entre os bens estrangeiros e os bens brasileiros. Pode ser estimada levando-se em consideração a variação na taxa de câmbio nominal e as variações de preços (inflações) entre os países.

No exemplo acima, supondo que os preços em geral se comportaram exatamente como o preço das camisas em cada país, a taxa de câmbio real no primeiro ano seria R_1 = [(R$ 3,00/ € 1,00) × € 45,00] / R$ 135 ≈ 1,0. No segundo ano, essa variável seria R_2 = [(R$ 3,10 / € 1,00) × € 49,00] / R$ 160 ≈ 0,949. Comparando R_1 e R_2, notamos que a taxa de câmbio real reduziu-se em 5,06%. Isso significa que os produtos franceses ficaram mais baratos em reais depois que consideramos corretamente a variação da taxa de câmbio nominal e a inflação nos dois países. Observe que a taxa de câmbio real é adimensional. Ao calculá-la, acabamos cancelando as unidades monetárias, tanto o real quanto o euro. A taxa de câmbio real deve ser apenas comparada a ela mesma em diferentes momentos do tempo, indicando em que país os preços (já convertidos em uma mesma moeda) subiram mais, gerando perda de competitividade (ver figura 12).

Figura 12

Taxa de câmbio real (R$/US$)
1999-2009

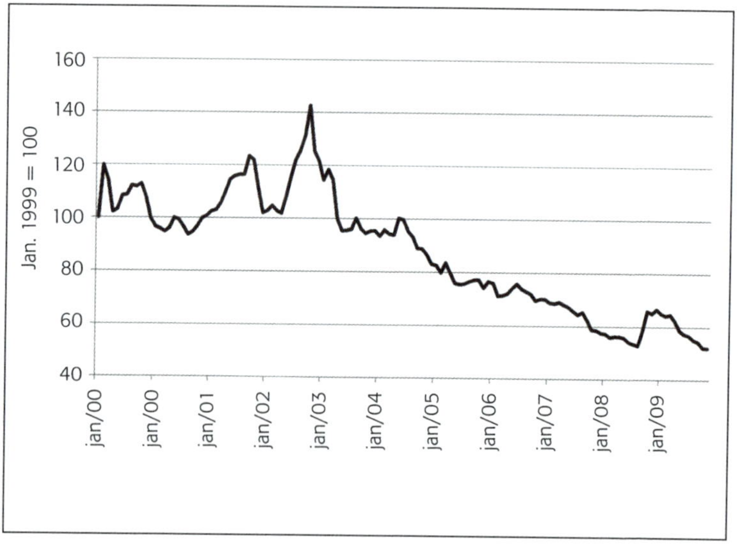

Fonte: FGV.

Em resumo, a taxa de câmbio real é decisiva para os agentes econômicos de dois países que se relacionam através do comércio. Quando a taxa de câmbio real cai, dizemos que ocorre uma valorização cambial real. Isso significa que nossos produtos estão ficando mais caros e perdendo competitividade. Esse fato tende a reduzir nossas exportações, caso não ocorram alterações em outras variáveis. Ao mesmo tempo, os produtos estrangeiros ficam mais baratos em nossa própria moeda, fato que facilita as importações.

As contas do balanço de pagamentos

As relações econômicas de um país com o resto do mundo são complexas, pois envolvem um conjunto muito grande de transações. O estudo dessas relações exige um tratamento sistemático e deve ser feito através de uma das mais importantes ferramentas contábeis utilizadas em economia: o *balanço de pagamentos*.

> O *balanço de pagamentos* é o registro contábil sistemático de todas as transações econômicas de um país com o exterior.

Isto significa que todas as transações envolvendo agentes econômicos que atuam no país (chamados residentes) e agentes que atuam fora do país (chamados não residentes) são registradas de forma organizada no balanço de pagamentos. Em linhas gerais, esse balanço se divide em dois grandes blocos: a conta de transações correntes e a conta de capitais, como mostrado no quadro 5. Os próprios nomes dos dois blocos já fornecem uma boa ideia da lógica dessa separação.

Em *conta corrente* são registrados os pagamentos e recebimentos relativos às transações realizadas com bens e serviços (inclusive fatores) entre um país e o exterior. Quando um país exporta, envia mercadorias para o exterior e recebe um pagamento que é registrado positivamente em sua conta corrente. Quando uma empresa estrangeira situada no país remete lucro para o exterior, isso é registrado como um pagamento de serviços empresariais, sendo contabilizado negativamente na conta corrente.

A *conta de capital* registra fluxos de natureza financeira, tais como empréstimos (e as amortizações correspondentes) envolvendo transações entre residentes e não residentes. Quando uma empresa estrangeira decide instalar uma filial no país, esse investimento é registrado positivamente na conta de capitais. Quando um banco estrangeiro não renova créditos aos exportadores do país, isso é registrado negativamente na conta de capitais.

Os pagamentos e recebimentos registrados em conta corrente (como remessas de lucros) tendem a ser mais estáveis que os fluxos financeiros da conta de capitais.

Entendida a lógica básica da organização do balanço de pagamentos, vamos detalhar um pouco mais os itens que devem ser registrados em cada bloco (quadro 5).

Quadro 5

Estrutura sintética do balanço de pagamentos

<table>
<tr><td rowspan="9">❑ Conta corrente
(ou conta de transações correntes)</td><td rowspan="2">Balança comercial
(FOB)</td><td>Exportações de bens
(importações de bens)</td><td></td></tr>
<tr><td>1a Resultado (saldo) comercial</td><td></td></tr>
<tr><td rowspan="2">Balança de serviços</td><td>Exportações de serviços
(importações de serviços)</td><td></td></tr>
<tr><td>1b Resultado (saldo) de serviços</td><td></td></tr>
<tr><td rowspan="2">Rendas de fatores</td><td>Receitas
(despesas)</td><td rowspan="4">Saldo =
Renda líquida recebida do exterior
ou
(–) Renda líquida enviada ao exterior</td></tr>
<tr><td>1c Resultado (saldo) de rendas</td></tr>
<tr><td rowspan="2">Transferências unilaterais</td><td>Transferências recebidas do exterior
(transferências enviadas para o exterior)</td></tr>
<tr><td>1d Resultado (saldo) de transferências unilaterais</td></tr>
<tr><td colspan="2">**1 Resultado (saldo) em conta corrente
(1 = 1a + 1b + 1c + 1d)**</td><td></td></tr>
</table>

<table>
<tr><td rowspan="2">Conta de capital (entradas líquidas)</td><td>2a Investimento estrangeiro direto
2b Empréstimos
2c Financiamentos
2d Capitais de portfólio</td></tr>
<tr><td>**2 Resultado (saldo) da conta de capital
(2 = 2a + 2b + 2c + 2d)**</td></tr>
<tr><td>Resultado (saldo) do balanço de pagamentos</td><td>3 = 1 + 2</td></tr>
</table>

Na balança comercial registram-se, período a período, os valores em moeda estrangeira relativos às exportações e importações de bens em um determinado país. Note que somente o valor dos bens importados e exportados deve ser contabilizado na balança comercial. Nenhum tipo de serviço (tal como fretes marítimos) deve ser colocado lado a lado com as transações de bens. Esse é o chamado conceito FOB de balança comercial (iniciais da expressão *free on board*).

Em seguida, tem-se a balança de serviços. Nela estão incluídos itens como fretes e seguros internacionais (chamados de serviços de não fatores de produção, pois não são utilizados diretamente nas atividades produtivas). Este tipo de serviço em geral é prestado por grandes companhias internacionais, como as seguradoras inglesas de fretes.

A seguir, tem-se a conta de rendas. Nela são registrados itens como juros e lucros enviados para fora do país no pagamento de empréstimos e como remuneração pelo capital estrangeiro aplicado no país. Se houver empresas nacionais atuando no exterior que estejam enviando lucros para matrizes no país, esse recebimento também será registrado na conta de rendas como um recebimento. Nessa conta igualmente são incluídos (como saídas) pagamentos relativos a direitos sobre propriedade intelectual, salários de executivos que estejam no país por um curto período e assim por diante. Esses itens são a remuneração pelo uso de capitais financeiros, capitais produtivos, capital intelectual (patentes) e capital humano.

As transferências unilaterais são o último item da conta corrente. Nele estão incluídos os recursos a fundo perdido doados por entidades estrangeiras, em geral na forma de ajuda humanitária, bem como os recursos que os imigrantes costumam remeter para suas famílias no país (ambos são registrados como entradas de recursos).

A soma desses itens nos fornece o resultado (ou saldo) em conta corrente. Quando um país apresenta saldo positivo em conta corrente, isso decorre de várias possibilidades, combinadas ou não:

- o país exporta bens mais do que importa, ou seja, envia bens de maior valor do que os que recebe do exterior;
- o país exporta serviços de maior valor do que os que importa, ou seja, presta mais serviços ao exterior do que recebe;
- o país recebe pagamento de renda do exterior maior do que o que manda, isto é, há fatores de produção (capital e/ou trabalho) nacionais sendo usados no exterior de maior valor do que fatores de produção estrangeiros sendo usados domesticamente;
- o país recebe doações (transferências unilaterais) externas de maior valor do que remete; essas doações podem ser em bens ou serviços, ou podem ser financeiras, propiciando a compra de bens ou serviços do exterior.

Uma consideração cuidadosa de cada uma dessas possibilidades leva à conclusão de que quando um país tem um saldo positivo em conta corrente, está enviando ao exterior mais bens, serviços ou fatores de produção nacionais do que recebe do exterior. Nesse caso, haverá menos bens e serviços disponíveis para consumo e o investimento doméstico. Exemplificando:

- suponha que a China tenha um PIB de valor 100, que exporte bens no valor de 30 e importe bens no valor de 20. Suponha as demais contas (balança de serviços, de rendas e transferências) zeradas. Nesse caso dos 100 que produz, envia 30 ao exterior, restando 70. Mas recebe 20 do exterior. Assim há um total de 90 que pode ser consumido ou investido domesticamente. No caso, poderia ter consumo interno de 45 e investimento de 45;

- suponha que os Estados Unidos tenham um PIB de valor 100, e que exporte bens no valor de 20 e importe bens no valor de 30. Suponha as demais contas da balança em conta corrente zeradas. Nesse caso, dos 100 que produz, os EUA enviam 20 ao exterior e recebem 30. Ou seja, dispõem de 110 para consumo ou investimento doméstico, o qual poderia ser dividido em 55 e 55, respectivamente, por exemplo.

Assim, por ter um saldo negativo em conta corrente (como de fato vem acontecendo há muitos anos), os Estados Unidos podem ter um nível total de consumo e investimento doméstico maior do que o seu PIB. Essa é a razão pela qual se diz que um país com saldo negativo na conta corrente de balanço de pagamentos está recebendo poupança externa. O seu nível de consumo e investimento interno é maior do que a sua produção (PIB), isto é, está recebendo liquidamente bens e serviços do exterior. De fato, em macroeconomia define-se a poupança externa recebida pelo país como sendo seu déficit em conta corrente no balanço de pagamentos. Se houver superávit, a poupança externa é negativa, ou seja, o país envia mais bens para o exterior do que recebe.

De fato, um país que consegue manter um déficit em conta corrente consegue investir mais e crescer sem sacrificar excessivamente o consumo de sua população.

A questão que se coloca, naturalmente, para um país com déficit em conta corrente, é de como financiar esse déficit; se recebe do exterior bens e serviços de maior valor do que manda ao exterior, como pagar pela diferença?

Em princípio, o déficit em conta corrente do país teria que ser financiado pela entrada líquida de capital financeiro, registrada na conta de capital do balanço de pagamentos. Se não houver entrada líquida suficiente de capitais financeiros, o país perde reservas em divisas internacionais, de posse de seus residentes.

A conta de capital, como o próprio nome diz, é o registro das transações de caráter financeiro ocorridas em um determinado país, período a período. Por esta conta devem ser registrados como entradas os valores de empréstimos obtidos no exterior pelos residentes no país (governos, empresas e bancos). Quando as amortizações são pagas, registram-se como saída (mas os juros são registrados em transações correntes). Também são registrados os financiamentos obtidos ou ofertados nas transações comerciais, os quais representam créditos ou dívidas, respectivamente, dos agentes econômicos do país com outro agente no exterior. Pela conta de capital ingressam, ainda, o investimento estrangeiro direto, que são recursos destinados à aplicação nas atividades produtivas, e os chamados capitais de carteira ou de portfólio, que se destinam à aplicação no mercado financeiro (bolsas de valores, CDBs etc.). Repatriações de capital são sempre registradas como saídas. Assim como a conta corrente, a conta de capital pode apresentar déficit ou superávit. Um país que esteja amortizando grandes volumes de dólares devido ao vencimento de empréstimos contraídos no passado e não esteja atraindo outras modalidades de fluxos de capital apresentará um saldo negativo na conta de capitais, isto é, um déficit.

Quando consolidamos as duas contas, corrente e de capital, temos o resultado do balanço de pagamentos. Se este for deficitário, o país tende a perder reservas internacionais que estavam à disposição de seu banco central. Isto porque, caso um país tenha, por exemplo, déficit em conta corrente e superávit na conta de capital, sendo ambos exatamente iguais, isto significa que as divisas que saíram por uma das contas ingressaram pela outra. Mas, caso o déficit em conta corrente seja maior que a entrada de divisas através da conta de capital, então o país terá de desembolsar parte das reservas que tiver para honrar os compromissos de seus residentes.

Países que não dispõem de reservas para fechar o balanço de pagamentos ou que não desejam lançar mão de suas reservas podem recorrer a organismos internacionais como o FMI. Os aportes desses organismos são, por convenção, registrados fora da conta de capitais, em contas que aparecem lado a lado com a conta de reservas. Se esses aportes fossem registrados na conta de capitais, poderíamos ter a impressão (errada) de que o balanço de pagamentos está em equilíbrio.

Se o país não obtiver apoio dos organismos internacionais para fechar o balanço de pagamentos e as reservas internacionais atingirem um nível reduzido, este poderá entrar em moratória. Neste caso, os pagamentos a não residentes que forem postergados deverão ser registrados na conta de atrasados, indicando uma espécie de endividamento forçado que o país realiza à custa de credores externos, os quais deixam de receber seus pagamentos involuntariamente.

A tabela 15 mostra o balanço de pagamentos brasileiro em anos recentes.

Agora que já temos uma ideia das contas externas de um país, organizadas através da estrutura do balanço de pagamentos, precisamos dedicar mais atenção aos determinantes de algumas das principais relações econômicas internacionais. Nas seções seguintes deste capítulo, analisamos em detalhes as relações comerciais e financeiras.

Tabela 15

O BALANÇO DE PAGAMENTOS BRASILEIRO: ANOS RECENTES (US$ MILHÕES)

Item	Discriminação	1998	2000	2002	2004	2006	2008
Transações correntes	Balança comercial (FOB)	−6.575	−698	13.121	33.641	46.457	24.836
	Exportações	51.140	55.086	60.362	96.475	13.7807	19.7942
	Importações	57.714	55.783	47.240	62.835	91.351	173.107
	Serviços e rendas	**−28.299**	**−25.048**	**−23.148**	**−25.198**	**−37.120**	**−57.252**
	Receitas	12.496	13.119	12.847	15.782	25.937	42.961
	Despesas	40.795	38.167	35.994	40.980	63.058	100.213
	Transferências unilaterais (líquido)	**1.458**	**1.521**	**2.390**	**3.236**	**4.306**	**4.224**
	Saldo em Conta Corrente	−33.417	−24.225	−7.693	11.679	13.528	−28.192
Conta de capital e financeira	**Conta capital**	**320**	**273**	**433**	**372**	**869**	**1.055**
	Conta financeira	**29.381**	**19.053**	**7.571**	**−7.895**	**15.430**	**28.297**
	Investimento direto	26.002	30.498	14.108	8.339	− 9.380	24.601
	Investimentos em carteira	18.125	6.955	−5.119	−4.750	9.081	1.133
	Derivativos	−460	−197	−356	−677	41	−312
	Outros investimentos	−14.285	−18.202	−1.062	−10.806	15.688	2.875
	Saldo da Conta Capital e Financeira	**29.702**	**19.326**	**8.004**	**−7.523**	**16.299**	**29.352**
Erros e omissões		**−4.256**	**2.637**	**−813**	**−1.912**	**−236**	**1.809**
Resultado do balanço de pagamentos		**−7.971**	**− 2.262**	**−502**	**2.244**	**29.591**	**2.969**

Fonte: Banco Central do Brasil.

Relações comerciais

Quando discutimos as taxas de câmbio na primeira seção deste capítulo, destacamos que a comparação entre os preços que vigoram em dois países diferentes é fundamental para a decisão de comprar um mesmo produto no exterior ou dentro do próprio país. Isso significa que a taxa de câmbio real é um elemento decisivo para explicar as relações comerciais. Em outras palavras, a taxa de câmbio real deve ser entendida como um preço relativo entre os bens produzidos dentro e fora de um país.

Esta seção será dedicada a aprofundar esse assunto, buscando identificar com mais detalhes os determinantes das exportações e das importações de um país. Devemos começar identificando os elementos que influenciam as importações.

Representamos por *M* o valor em moeda nacional do total das importações. Esse valor possui dois determinantes básicos.

O primeiro é a renda doméstica, representada por *Y*. Isso porque o aumento de renda induz uma elevação geral nos gastos, incluindo a compra de produtos importados. Em geral, a parcela do gasto dedicada aos importados representa uma fração da renda total. Sendo m ($0 < m < 1$) o percentual de gastos com importações, também chamado de propensão marginal a importar, pode-se dizer que, se tudo mais permanecer constante, vale a expressão $M = m \times Y$. Assim, tudo o mais constante, se a renda aumentar 10%, as importações aumentarão no mesmo percentual.

Mas o valor em moeda nacional das importações (*M*) também depende da taxa de câmbio real. Se o preço dos produtos importados estiver ficando mais caro que os produtos nacionais, podemos esperar uma redução das importações. Em outros termos, caso a taxa de câmbio real (que foi representada anteriormente pela letra *R*) estiver se elevando, isso significa que os preços dos bens importados em moeda nacional estarão se elevando em comparação aos preços dos bens nacionais. Isso reduz a competitividade dos bens importados e induz a redução das importações.

Em resumo, é possível expressar o valor em moeda nacional das importações (*M*) através de uma função (*F*) com duas variáveis: nível de renda doméstico (*Y*) e taxa de câmbio real (*R*), como na expressão a seguir. Os sinais + ou – indicam se a relação de *M* com cada variável é direta (+) ou inversa (–):

$$M = F(\underset{+}{Y};\underset{-}{R})$$

onde *M* é o valor das importações em moeda nacional, *Y* é o nível de renda doméstico e *R* é a taxa de câmbio real.

Quanto às exportações, sendo *X* o seu valor em moeda nacional, podemos dizer que esse valor tende a ser influenciado também por duas variáveis básicas:

- a taxa de câmbio real (*R*), pois toda vez que nossos preços em dólares tornam-se menores que os preços dos produtos concorrentes, os estrangeiros deverão aumentar suas compras de produtos que nosso país oferece e vice-versa;
- a renda nos demais países do mundo que compram nossos produtos (que representaremos por Y^W); isso porque, como visto, toda vez que a renda aumenta em um determinado país, os gastos totais se elevam e acabam induzindo um aumento também nas compras de produtos importados; se nossos parceiros comerciais estiverem experimentando um aumento continuado de suas rendas, isso deve contribuir com a expansão da demanda por nossas exportações.

Tal como fizemos para as importações, podemos representar o valor em moeda nacional das exportações (*X*) como uma função (*G*) de duas variáveis: a taxa de câmbio real (*R*) e a renda mundial (Y^W). Novamente, os sinais + ou – indicam se a relação de *X* com cada variável é direta (+) ou inversa (–):

$$X = G(\underset{+}{Y^W};\underset{+}{R})$$

onde X é o valor das exportações em moeda nacional, Y^W é o nível de renda dos parceiros comerciais e R é a taxa de câmbio real.

Para facilitar nossa análise da balança comercial, devemos supor, inicialmente, que a taxa de câmbio real (R) e a renda mundial (Y^W) são dadas. Nesse caso, o nível de exportações deverá permanecer constante, pois seus dois determinantes também não estão variando. Isso é apresentado na figura 13, onde o valor das exportações é constante, X_0 = R$ 80 bilhões, como aparece no eixo vertical. Mas observe que indicamos no eixo horizontal diferentes valores para a renda doméstica (Y). Como as importações variam juntamente com Y, tudo o mais constante, notamos que M tende a ser maior para níveis mais altos de renda doméstica.

Suponha que essa economia importe sempre 10% da renda total, isto é, $m = 0{,}1$. Isso significa que, mantida constante a taxa de câmbio real (R), as importações obedeceriam sempre à relação $M = 0{,}1Y$. Assim, se o nível de renda for Y_1 = R$ 1 trilhão, as importações serão de R$ 100 bilhões. Mas, se a renda for Y_2 = R$ 750 bilhões, as importações passariam a R$ 75 bilhões.

É fácil observar que, como o valor das exportações, nesse nosso exemplo inicial, é constante, (X_0 = R$ 80 bilhões), quando a renda é inferior a R$ 800 bilhões temos superávit comercial. Ao nível Y_0 = R$ 800 bilhões, a balança comercial estará equilibrada, pois as importações serão de $M_0 = 0{,}1 \times$ R$ 800 = R$ 80 bilhões. Níveis de renda superiores a Y_0 induzem níveis de importação como M_1, superiores às exportações, gerando déficit comercial.

As importações e exportações são afetadas diretamente pela taxa de câmbio real. As curvas na figura 13 mudam de posição quando esta taxa se altera.

Figura 13

AS FUNÇÕES IMPORTAÇÃO E EXPORTAÇÃO

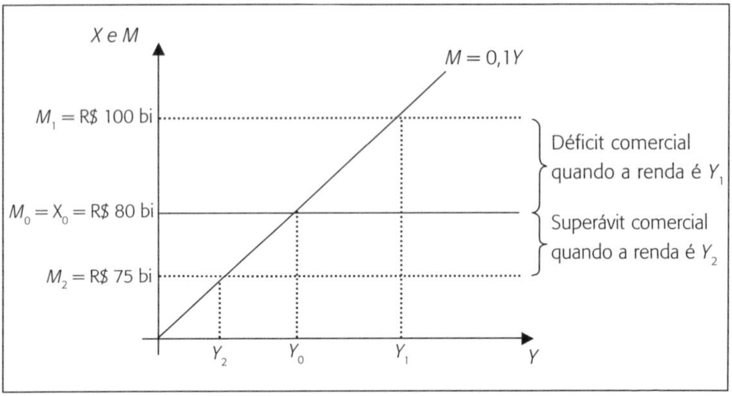

Uma elevação da taxa de câmbio real implica que os preços dos demais parceiros comerciais, já transformados em moeda nacional pela multiplicação pela taxa de câmbio ($E_t \times P_t^W$), estão se elevando em relação a nossos preços, expressos em moeda nacional (P_t). Isso não significa que os preços em nosso país sejam estáveis, mas que a alta dos preços em moeda nacional é inferior à alta conjunta da taxa de câmbio nominal e dos preços externos.

Um comprador de produtos estrangeiros (consumidor ou empresa, não importa) estaria sendo incentivado a substituir, na medida do possível, produtos importados por produtos nacionais que estão ficando relativamente mais baratos. Assim, é possível que, no conjunto da economia, uma fração menor que 10% de toda a renda gerada (Y) seja destinada às importações, como resultado da elevação da taxa de câmbio real (também chamada, como vimos, de desvalorização real).

Ao mesmo tempo, os compradores no exterior dos produtos nacionais observarão que esses produtos estão ficando mais baratos, isto é, com preços mais atraentes em relação a seus concorrentes no mercado internacional. Com isso, mesmo que a renda de nossos parceiros comerciais não se altere, seus gastos com a compra de nossos produtos de exportação devem se elevar. Podemos agora voltar à figura 13. Para os mesmos níveis de renda em nosso país (Y_0, por exemplo), o valor das importações deverá cair, porque o percentual de gastos totais destinados à importação pode ter sido reduzido a, digamos, 9%. Com isso, feita a desvalorização real da taxa de câmbio, as importações passam a ser representadas por uma expressão como $M = 0,09Y$, cuja representação gráfica aparece na figura 14. Da mesma maneira, nosso volume de exportações deverá se elevar, digamos, para R$ 90 bilhões. Na figura 14, esse valor corresponde a $X'_0 > X_0$.

Figura 14

O EFEITO DA VARIAÇÃO DO CÂMBIO REAL

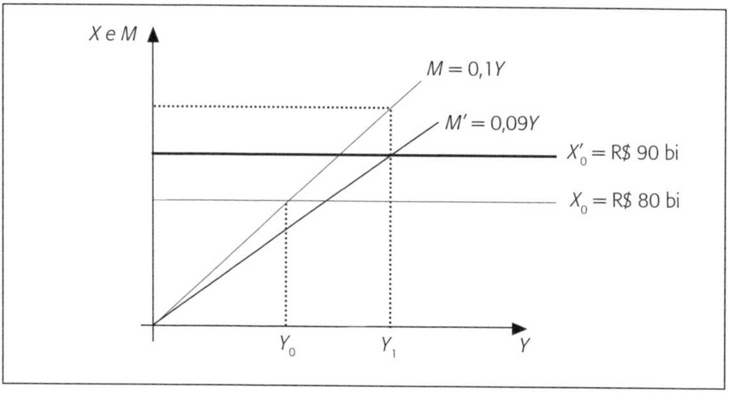

Agora, para cada nível de renda, os valores da importação são mais baixos devido ao efeito da desvalorização real do câmbio. Ao nível Y_1 = R$ 1 trilhão, por exemplo, as importações serão menores que M_1 = R$ 100 bilhões. Como agora as importações representam apenas 9% da renda total, o valor das importações quando a renda é Y_1 corresponde a M'_0 = R$ 90 bilhões. Na figura 15, esse valor corresponde exatamente ao novo valor das exportações $X'_0 > X_0$. As exportações teriam se elevado em R$ 10 bilhões devido ao aumento de vendas ao exterior. Nesse caso, notamos que essa economia está com um nível de renda mais elevado (R$ 1 trilhão) e pode importar mais em termos absolutos, mas manteve sua balança comercial equilibrada devido ao aumento (absoluto) das exportações.

Combinando as figuras 13 e 14, podemos concluir que há duas alternativas básicas na condução da política econômica para atuar sobre as contas comerciais do balanço de pagamentos.

A primeira alternativa é atuar sobre a demanda doméstica, o que induz variações na renda e nas importações. Nesse caso, supondo inalteradas a taxa de câmbio real e a renda mundial, devem ser utilizados os instrumentos de política fiscal e monetária, a fim de controlar os níveis de gasto doméstico que tendem a afetar o resultado comercial.

A segunda alternativa seria promover uma desvalorização cambial real (ou elevação da taxa de câmbio real). Essa medida estimularia as exportações e inibiria as importações. Com isso, como mostrado na figura 14, seria possível atingir níveis de renda mais elevados, como Y_1, sem gerar déficits comerciais.

Cada uma dessas alternativas tem efeitos colaterais. No primeiro caso, o país pode ser colocado em recessão, com aumento do desemprego. No segundo, o país pode sofrer um impacto inflacionário.

Por fim, pode-se também analisar os efeitos sobre o comércio externo de uma situação de crescimento da renda de nossos parceiros comerciais (Y^W). Vimos que o efeito dessa variável sobre nossas exportações é positivo. Assim, mesmo que a taxa de câmbio real (R) permanecesse constante, o aumento na renda e nos gastos de nossos parceiros aumentaria nossas exportações. Na figura 15, elas passam de X_0 para X_1 e para X_2, sucessivamente. Nessa nova situação, ainda que a renda doméstica se elevasse, chegando a Y_1, a economia apresentaria superávit comercial sem necessidade de elevações (desvalorizações) na taxa de câmbio real. Além disso, sabe-se que, com a renda doméstica em Y_1, nossa economia estaria importando mais do que no nível Y_0, por exemplo. Ainda assim, com as exportações no nível X_2, haveria superávit comercial. O ponto a reter aqui é que a expansão da economia mundial sempre torna mais fácil para um país aumentar sua produção (mesmo que isso signifique mais importações) sem desequilíbrios na balança comercial.

Figura 15

Aumento das exportações devido ao aumento da renda mundial

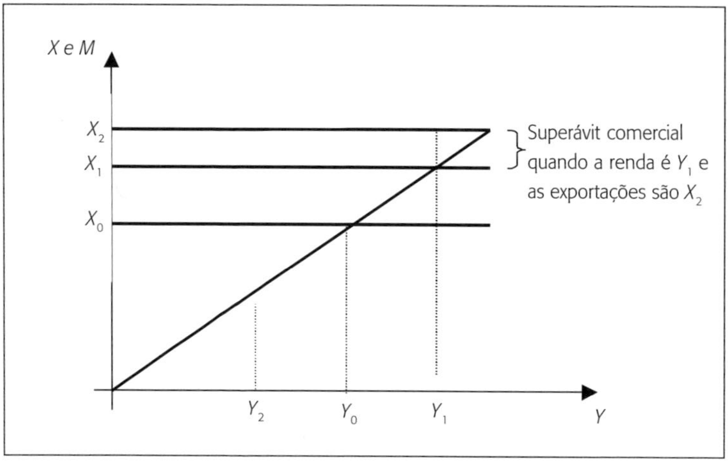

Relações financeiras

Agora que já temos uma boa ideia dos principais determinantes das relações comerciais de um país, é necessário passar à análise dos fluxos financeiros, que representam um outro elemento essencial do balanço de pagamentos. No caso do comércio, a questão básica foi: o que determina a compra de um bem no mercado interno ou sua importação. Como vimos, a resposta contemplou a taxa de câmbio real (que é um preço relativo entre bens domésticos e importados) e o nível de renda agregada. A pergunta agora é: se você puder escolher entre realizar uma aplicação financeira em seu próprio país e fazê-la em um país estrangeiro, que fatores deverá levar em consideração? A resposta a essa pergunta possui dois elementos centrais: risco e retorno.

Realizar uma aplicação financeira no exterior traz uma série de riscos adicionais em relação às aplicações no mercado interno. Mas, se o retorno for suficientemente atraente, pode ser uma combinação interessante. Países como o Brasil, que tendem a contar com poupança externa (isto é, têm déficits em transações correntes), necessitam receber capitais financeiros de fora a fim de financiar seu déficit em conta corrente. Daí a importância ainda maior de compreender a lógica dos fluxos de capital externo.

Mais uma vez, a primeira barreira para a análise surge do fato de que, em geral, as aplicações financeiras são feitas em cada país em sua própria moeda. Além disso, as taxas de juros, que representam o ganho oferecido pelas aplicações, são diferentes entre países. Um exemplo simples deverá ajudar a explicar essa questão.

Considere um investidor internacional que possui US$ 100 mil e que se dispõe a aplicar em qualquer país durante o período de um ano. Ao final desse período ele está decidido a resgatar a aplicação, converter novamente os valores em dólares e dar-lhes outro destino. Para facilitar, imagine que esse investidor está analisando a possibilidade de realizar uma aplicação nos EUA ou no Brasil. Aplicar seus US$ 100 mil nos EUA tem uma vantagem: não é necessário trocar de moeda, pois ele já tem recursos na moeda corrente daquele país. Vamos admitir que a taxa de juros nos EUA naquele ano é de 7% a.a., descontados todos os impostos e comissões. Assim, ao final do seu período de análise, o investidor teria US$ 107 mil e um ganho líquido de US$ 7 mil.

No Brasil, no mesmo período, vamos supor que a taxa de juros seja de 10% anuais. Ainda não é possível fazer uma comparação, pois o investidor tem dólares e, para aplicá-los no Brasil, deverá trocá-los por reais. Se, na data da aplicação, a taxa de câmbio era de R$ 2,00 por dólar, ele terá R$ 200 mil que, aplicados à taxa de 10% anuais, serão transformados em R$ 220 mil no final do período, quando pretende resgatar sua aplicação e converter esse valor novamente em dólares. Será que aplicar seus recursos no Brasil em lugar dos EUA é a melhor opção? A resposta só pode ser: depende! Afinal, quantos dólares o investidor terá no final de um ano em cada situação?

Se aplicou seus recursos nos EUA a resposta já está dada: serão US$ 107 mil. Mas se o investidor optar por realizar a aplicação no Brasil, o valor em dólares de seus R$ 220 mil dependerá da taxa de câmbio na data do resgate. O grande problema é que ele não tem como saber qual será a taxa de câmbio naquela data. No máximo, ele poderá formar expectativas sobre o valor da taxa de câmbio no futuro e deverá compará-las com a observada na data da aplicação.

Vamos supor que esse investidor internacional imagina que a taxa de câmbio se manterá constante. Nesse caso, seus R$ 220 mil serão o equivalente a US$ 110 mil! Esse valor é claramente superior aos US$ 107 mil que obteria nos EUA. Mas, se a taxa de câmbio passasse para R$ 2,20 naquele período? Nesse caso, seus R$ 220 mil equivaleriam a US$ 100 mil, o mesmo valor aplicado sem nenhum ganho! Em outras palavras, embora tenha havido um ganho expressivo em reais, a desvalorização de nossa moeda em relação ao dólar acabou reduzindo o ganho em moeda estrangeira a ponto de anulá-lo totalmente. Em resumo, o retorno esperado tem sempre de ser confrontado com o risco de eventuais perdas. Quanto maior a incerteza em relação ao futuro, maior o retorno necessário para induzir o investidor internacional a aplicar em um determinado país.

A ideia de que o investidor estrangeiro possa contratar câmbio futuro e, com isso, fazer um *hedge* (proteção) de sua posição exposta em reais não invalida o raciocínio anterior. Afinal, ele deverá pagar uma taxa adicional por essa proteção, a qual tende a aumentar com a incerteza quanto ao futuro. Ou seja, voltamos ao mesmo problema de risco e retorno.

O ponto a reter aqui é que a taxa de juros sozinha não é elemento suficiente para responder à pergunta que fizemos no início da seção, isto é, em que país do mundo um investidor internacional decide aplicar seus recursos. Outro fator decisivo é a expectativa de variação da taxa de câmbio no país analisado, o chamado risco cambial. Expectativas de desvalorização cambial tornam taxas de juros aparentemente elevadas pouco atraentes, pois implicam risco de perdas em moeda internacional (como o dólar, tipicamente). Para convencer um investidor que se depara com a situação acima a investir recursos financeiros no Brasil, seria necessário que a taxa de juros em reais fosse suficientemente elevada para:

- pelo menos igualar a taxa de juros norte-americana;
- compensar os riscos de desvalorização eventualmente existentes;
- compensar outros riscos eventualmente existentes, como problemas políticos comuns em países mais instáveis.

Este último fator é extremamente importante em algumas regiões do mundo e inibe investimentos em países sujeitos a riscos de natureza político-institucional.

Em termos formais, para que nosso investidor internacional esteja, pelo menos, analisando a possibilidade de aplicar recursos financeiros no Brasil, deve valer a seguinte relação:

$i^{R\$} = i^{US\$}$ + prêmio de compensação de riscos cambiais + prêmio de compensação de riscos domésticos

A fim de convencer investidores a aplicar seus recursos em nosso país, a taxa de juros aqui deve ser ao menos igual à taxa de juros fora do país, mais o percentual esperado de desvalorização cambial, que representa uma perda em dólares para os detentores de aplicações em nosso país. Sempre que os investidores estiverem muito temerosos de realizar aplicações em países onde a taxa de câmbio varia muito, acabarão exigindo taxas de juros na moeda local ainda maiores que aquelas indicadas na expressão apresentada. Esse comportamento é conhecido como aversão ao risco, e o ganho extra é o prêmio de risco.

Podemos notar a enorme relevância das expectativas na definição dos movimentos internacionais de capital e o desafio que essas expectativas impõem para países que necessitam de capitais externos para fechar seus balanços de pagamentos.

Regimes cambiais

As relações econômicas de um país com o resto do mundo dependem crucialmente da forma como funciona o mercado de moeda estrangeira. Como visto, a taxa de câmbio nominal é uma variável que converte preços em moeda estrangeira em preços em moeda nacional. Mas a taxa de câmbio também pode ser entendida (de forma ainda mais simples) como *o preço em moeda nacional de uma unidade de moeda estrangeira*. Em nossos exemplos, o preço de US$ 1 poderia ser R$ 2,00 ou R$ 2,20. Por se tratar de um preço, a taxa de câmbio nominal entre duas moedas é determinada pelos mecanismos de oferta e demanda, já estudados em capítulos anteriores, aplicados ao mercado cambial ou mercado de divisas.

No mercado cambial, pessoas que possuem moeda estrangeira e desejam trocar por moeda nacional são os ofertantes. Contrariamente, pessoas que desejam adquirir moeda estrangeira, comprando-a com moeda nacional, são os demandantes. Isto significa que a mercadoria transacionada neste mercado são as divisas, isto é, qualquer moeda estrangeira utilizável em transações econômicas internacionais que envolvem, em geral, residentes no país e residentes no exterior. Para que possamos entender bem o funcionamento desse mercado, é importante deixar claro quem são os potenciais compradores e vendedores de divisas.

No grupo dos *ofertantes* de moeda estrangeira estão:

- exportadores, que vendem suas mercadorias ao exterior e são remunerados em moeda estrangeira (em geral, o dólar americano);
- turistas estrangeiros, que trazem moeda estrangeira e a trocam no país (ou, por vezes, a gastam diretamente);
- investidores internacionais, que trazem divisas para aplicar no país, seja no mercado financeiro, seja em atividades produtivas;
- agentes econômicos (em geral, bancos, mas também empresas e o próprio governo), que captam recursos no exterior (emissão de títulos, obtenção de empréstimos e financiamentos etc.), os quais entram no país como valores em moeda estrangeira.

No grupo dos *demandantes* de moeda estrangeira estão:

- importadores, que precisam comprar moeda estrangeira para remeter a seus fornecedores no exterior;
- turistas brasileiros que se dirigem ao exterior e precisam comprar moeda estrangeira antes da viagem;
- agentes econômicos que investem no ou enviam renda para o exterior;
- agentes econômicos (pessoas, empresas e o governo) que possuem compromissos a pagar no exterior (amortizações e juros referentes a empréstimos, por exemplo) e que precisam enviar valores em moeda estrangeira para efetivar o pagamento.

Como na microeconomia, a oferta e a demanda de moeda estrangeira estão diretamente relacionadas com seu preço, isto é, com a taxa de câmbio. Para ver de que forma isso acontece, devemos focar, inicialmente, nas relações comerciais e de turismo.

Consideremos um exportador, por exemplo. Se ele vendesse para clientes no exterior um produto que é cotado internacionalmente a US$ 100, quando a taxa de câmbio fosse R$ 2,50 por dólar, sua receita em moeda nacional seria de R$ 250,00 a unidade. Se a taxa de câmbio subisse para R$ 2,90, sua receita se elevaria para R$ 290,00 a unidade. Se tudo mais permanecesse constante (os custos de produção sendo os mesmos, por exemplo), isso seria um estímulo para que ele ofertasse mais desse produto no exterior e também incentivaria todos os demais exportadores a fazerem o mesmo. O aumento das exportações geraria uma maior oferta de dólares no mercado brasileiro. Da mesma forma, o turista estrangeiro que tivesse de pagar R$ 200,00 por uma diária de hotel no Brasil teria de desembolsar US$ 80 se a taxa de câmbio fosse R$ 2,50 por dólar. Mas essa diária representaria menos de US$ 69, caso a taxa de câmbio passasse para R$ 2,90 por dólar. Isso atrairia mais turistas estrangeiros para o Brasil, elevando a oferta de dólares.

No caso dos importadores e dos turistas brasileiros que vão ao exterior, o comportamento seria simetricamente oposto. Quanto mais alta a taxa de câmbio, mais caros os produtos estrangeiros e maiores os gastos (em reais) dos turistas que saíssem do país. Isso desestimularia ambos os tipos de transação e reduziria a demanda por dólares.

Já os fluxos financeiros (movimentos de capitais e rendas externos) são diretamente influenciados por fatores como taxas de juros e pelas oportunidades lucrativas de investimento nos vários países. O nível de risco das aplicações financeiras em cada país é outro elemento decisivo. Se um país oferecer juros atraentes e baixo risco, em geral acabará atraindo investimentos de pessoas que residem no exterior. Isso eleva a oferta de divisas. Do mesmo modo, se os juros forem mais altos dentro do país do que no exterior, as empresas que atuam nesse país preferirão tomar empréstimos fora, pagando menos juros. A ideia é que *a taxa de câmbio é um preço*, determinado no mercado de divisas pelas condições de oferta e demanda por moeda estrangeira.

Uma característica importante do mercado de câmbio é a existência de um agente com uma capacidade muito grande de comprar e vender divisas: o banco central. É ele quem administra as reservas internacionais do país e, por isso, pode atuar no mercado comprando ou vendendo grandes valores em moeda estrangeira, alterando as condições de oferta e demanda e, portanto, interferindo no nível da taxa de câmbio. O padrão típico de atuação do banco central no mercado de câmbio determina o *regime cambial*. De forma mais resumida, podemos dizer que:

> *Regime cambial* é o modelo de atuação do banco central no mercado cambial, definido em cada país e em cada momento.

Numa primeira aproximação, pode-se dizer que existem dois regimes cambiais polares:

- *câmbio fixo* — nesse regime, a taxa de câmbio é mantida constante; se as condições de oferta e demanda mudarem e a taxa de câmbio (como qualquer preço) tender a se alterar, o banco central intervirá de forma a manter a paridade fixada; o banco central tem uma regra clara, que é não permitir a flutuação da taxa de câmbio e, para isso, ele compra e vende dólares diretamente no mercado cambial;
- *câmbio flutuante* — nesse regime, a taxa de câmbio pode variar (flutuar) continuamente, até no intervalo de um único dia; a necessidade de intervenção do banco central é menor e, em casos extremos, ele permanece longos períodos totalmente ausente do mercado de câmbio e a taxa passa a ser comandada exclusivamente pelas forças de mercado; nos casos em que o banco central não define uma regra clara de intervenção, é comum afirmar-se que o regime é de *flutuação suja.*

Uma alternativa intermediária é a adoção do *regime de bandas cambiais*. Nesse regime, o banco central também define uma regra explícita de intervenção. Ele venderá dólares no mercado cambial caso a taxa atinja um teto e comprará dólares caso a taxa atinja um piso. Com isso, o banco central visa manter a taxa de câmbio dentro dos limites que definem a banda cambial. No Brasil, entre março de 1995 e janeiro de 1999, adotou-se um regime de bandas cambiais móveis, isto é, os limites de flutuação eram revistos periodicamente a fim de se administrar a progressiva elevação da taxa de câmbio. A partir de janeiro de 1999, o Banco Central adotou o regime de flutuação suja, com intervenções esporádicas e sem uma regra claramente anunciada.

Um último regime cambial de interesse é a união monetária, como o adotado na Europa (que, a rigor, é um regime cambial-monetário). Nesse regime, as moedas de diversos países são substituídas por uma única moeda, como o euro, fazendo com que as taxas de câmbio entre os países da união desapareçam. Nesse regime cambial-monetário, os bancos centrais de todos os países da união são substituídos por um único banco central, que passa a definir a taxa de juros em toda a região. Se os países que integram a união tiverem intensas relações comerciais e financeiras uns com os outros, de forma que o nível de atividade de toda a zona esteja sempre flutuando de forma mais ou menos coordenada, a união monetária poderá ser extremamente vantajosa para todos, pois, entre outros fatores, elimina-se o risco cambial. Mas, se dois países da união monetária tiverem mais relações com o resto do mundo do que com os demais membros da união, uma forte entrada de capitais em um deles (devido, talvez, a boas oportunidades de negócios para investidores estrangeiros) poderá provocar uma valorização cambial que desestimule as exportações dos países de toda a zona, impondo dificuldades comerciais para o segundo país.

Ao mesmo tempo, se um dos países da união estiver apresentando elevadas taxas de desemprego, preferirá cortes nas taxas de juros para estimular a demanda por bens e serviços e, quem sabe, gerar uma desvalorização cambial (devido à saída de investidores estrangeiros) que estimule suas exportações. Mas, se outros países da região estiverem experimentando inflação elevada, talvez prefiram juros mais altos. Esses e outros fatores demonstram as dificuldades de adoção de um regime de união monetária entre países que não possam coordenar todo o conjunto de políticas econômicas.

O balanço de pagamentos, o crescimento e a poupança externa

Até agora o nosso estudo do balanço de pagamentos focou nas transações entre os residentes no país e no exterior. No entanto, é importante considerar a interação dessas transações entre si e também com a economia como um todo, em termos de suas possibilidades de produção de bens de consumo e de bens de investimento.

Na figura 16 há um esquema mostrando a situação de produção de bens e serviços em um determinado país. Imagine que o setor produtivo seja representado pelo retângulo na figura, o qual corresponde ao imenso galpão produtivo do país. Ali se situam todas as empresas agrícolas, industriais e comerciais atuando no país. Na verdade, por motivos logísticos de ficar perto de seus consumidores e fornecedores, as empresas estão espalhadas por todo o país. Mas, para fins conceituais, imagine que estejam concentradas no galpão retangular da figura 16.

Desse galpão sai a produção doméstica anual de bens e serviços finais, representada pela seta cheia denotada PIB. Uma parte desse PIB é composta de bens de produção, também chamados de bens de investimento. São as máquinas e os tratores recém-produzidos, os novos portos e estradas, as terras recém-abertas para a agricultura etc. A outra parte do PIB são os bens e serviços de consumo, as roupas, os vídeos, os carros de passeio, as comidas, os concertos, a serem usufruídos pela população.

Suponha que o PIB do país tenha um valor de 100 (em número índice), como mostra a figura 16, e que esse PIB seja composto de 20 de bens de produção e 80 de bens de consumo. Os bens de consumo vão ser usados, "comidos" pela população. Já os bens de produção serão acrescentados ao galpão produtivo, aumentando-o, como mostra o tracejado na figura 16. A capacidade de produção da economia cresce, o que vai possibilitar maior produção (PIB) no futuro.

Se em vez de apenas 20%, a composição inicial do PIB fosse de 30% ou 40% de bens de produção, o galpão produtivo cresceria mais rapidamente, a capacidade de produção da economia aumentaria a taxas maiores. Mas haveria o sacrifício de consumo da população, pois em vez de 80% do PIB para consumir, teriam somente 70% ou 60%. Assim, um primeiro aspecto importante é que o crescimento maior da capacidade de produção (chamada de PIB potencial) implica sacrifício do consumo presente: para ter maior produção futura, teremos menor consumo presente.

Na parte de baixo da figura 16 considera-se o caso de uma economia aberta ao exterior. Se o país produzir 100 internamente e importar liquidamente bens e serviços do exterior no valor de 10 (entre chaves na figura), teria à sua disposição um total de 110 de bens e serviços para dividir entre consumo e investimento. Poderia investir 30, por exemplo, e manter o consumo da população em 80. Cresceria mais rapidamente.

O problema é que teria que pagar pelo déficit de 10. Se exportasse adicionalmente bens e serviços no valor de 10, equilibrando seu balanço de pagamentos, voltaria aos mesmos 100 iniciais para dividir entre consumo e investimento. E se exportasse adicionalmente apenas cinco?

Nesse caso, a situação de divisão entre bens de consumo e de investimento ficaria mais folgada, pois estaria recebendo bens no valor de cinco do exterior. Mas, para financiar o déficit restante de cinco, os residentes do país teriam que tomar empréstimos externos ou vender ativos no valor de cinco. Ou seja, teria que haver uma entrada líquida de capital de cinco, como empréstimos ou para compra de ativos, financiando a conta corrente negativa do balanço de pagamentos. Teria que haver um superávit na conta de capital compensando o déficit em conta corrente.

Essa é a interação básica entre o consumo, o investimento, e os resultados da conta corrente e da conta de capital do balanço de pagamentos do país. Se o país tiver um déficit contínuo em conta corrente, poderá investir mais e acumulará uma dívida externa. Vale a pena?

A resposta a essa pergunta depende crucialmente de dois aspectos. Em primeiro lugar do custo da dívida. Se o país fizer, por exemplo, empréstimos externos a 5% ao ano para importar bens de investimento que rendem 15% ao ano, em princípio é uma combinação que vale a pena. Mas há um segundo aspecto importante, que diz respeito à liquidez. Se houver dificuldade de renovação (rolagem) dos empréstimos, dificuldades de alongar os seus prazos, pode ocorrer uma crise de liquidez. Mesmo que os investimentos tenham retorno superior ao custo da dívida, se os prazos envolvidos forem diferentes, poderá haver sérias dificuldades de equilíbrio no balanço de pagamentos.

Os Estados Unidos, por exemplo, aparentemente não temem problemas de liquidez. Tem, há muitos anos, déficit em conta corrente, o qual foi de 6% do seu PIB em 2006. Usando números índices, os Estados Unidos produzem 100 e importam seis a mais do que exportam. Dispõem, portanto, de 106 de bens e serviços para dividir entre bens de consumo e de investimento. Em 2006 investiram 16 e consumiram 90. Mantêm, assim, um alto nível de consumo doméstico e têm, também, uma grande dívida externa, que esperam continuar rolando a baixo custo.

Os números para a China são de produção doméstica de 100 e exportações maiores que as importações em cerca de 10. Assim, só dispõe de 90 para dividir entre bens de investimento e de consumo; e o fazem com 55 para os primeiros e 35 para consumo. Há um grande sacrifício de consumo para a população chinesa, mas o país cresce muito, em termos de capacidade de produção, e acumula ativos externos (reservas em dólar, investimentos na Ásia e na África etc.).

Finalmente, os números índices para o Brasil são de PIB = 100 e superávit em conta corrente de apenas um. Os residentes do país praticamente não têm dívida externa líquida nem dependem de financiamentos externos. Pelo contrário, têm acumulado liquidamente ativos em dólar. Do total de 99 de bens e serviços que dispõem para dividir entre investimento e consumo, investem 17 e consomem 82. A taxa de crescimento da economia tem sido ligeiramente mais alta que a dos Estados Unidos. Para aumentá-la, poderia, ou comprimir o consumo doméstico para investir mais do que 17 (aumento da poupança interna), ou ter déficits em conta corrente, controlados para evitar problemas de liquidez, dispondo assim mais do que 99 em bens e serviços para dividir entre consumo e investimento.

O déficit em conta corrente de um país, na medida em que aumenta a disponibilidade total de bens e serviços para serem divididos entre bens de investimento e de consumo, é definido como sendo a poupança externa que ingressa no país.

Figura 16

A COMPOSIÇÃO DO PIB E DA POUPANÇA EXTERNA

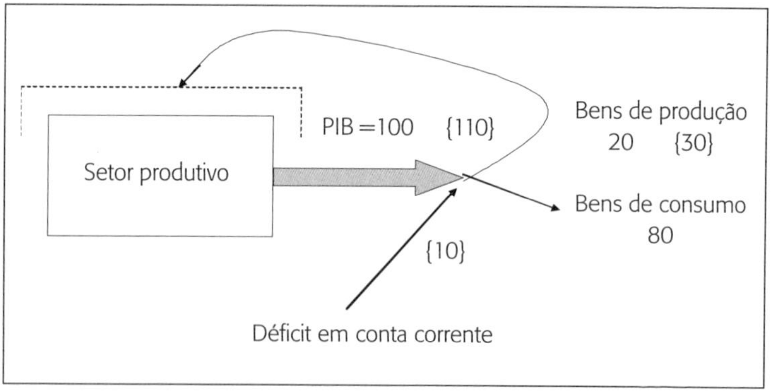

Firmando conceitos

Tenha certeza de que entendeu os conceitos de:

- taxas de câmbio nominal e real;
- funções exportação e importação;
- diferentes regimes cambiais.

Exercícios para revisão

- O que ocorreria com um país que apresentasse déficit em transações correntes superior ao saldo da conta de capitais? Ele necessariamente deixaria de honrar seus compromissos externos e entraria em moratória?
- Suponha que a taxa de câmbio nominal tenha-se elevado em 10% ao longo de um ano. Isso significa com certeza que os produtos nacionais ficaram relativamente mais baratos que os produtos importados em moeda nacional?
- Uma economia em crescimento acaba importando mais bens e serviços. Por quê? Isso necessariamente levaria ao desequilíbrio do balanço de pagamentos em conta corrente?
- Um país pode ter uma taxa de juros substancialmente superior às taxas praticadas no exterior e, ainda assim, não atrair capitais externos. Por que isso ocorre?

Conclusão

Ao longo deste livro, procuramos fazer justiça à expressão *economia aplicada*. Sem abrir mão do rigor e da consistência teóricos, abordamos os diversos temas tendo em mente a preocupação continuada com a realidade econômica, que representa hoje um dos aspectos mais dinâmicos do ambiente de atuação das empresas. As importantes e rápidas transformações em andamento no Brasil e no mundo fazem com que o volume de informações de caráter econômico que nos chega a toda hora seja imenso. Deixar de compreender e acompanhar esses processos certamente significaria perda de potencial competitivo na gestão das organizações e também na condução de nossos interesses econômicos pessoais.

Vimos que o funcionamento de uma economia de mercado, aparentemente caótico em um contexto de rápidas transformações, pode ser compreendido a partir de premissas simples como a maximização de lucro pelas empresas e o comportamento otimizador dos consumidores. Essas premissas, ponto de partida da análise econômica, integram o cotidiano de todos nós e por isso são tão úteis para o ensino e a compreensão dos processos econômicos.

A estrutura do texto partiu da tradicional separação entre micro e macroeconomia. A lógica dessa sequência foi buscar compreender inicialmente como os agentes (empresas e consumidores) tomam decisões no campo individual para depois poder passar ao estudo dos grandes agregados econômicos nos âmbitos nacional e internacional. Temas do cotidiano das empresas, como crescimento, inflação, juros e comércio externo, foram interligados progressivamente em um esforço de tornar claros os processos econômicos mais relevantes.

Vimos também que a condução da política econômica pelo governo não pode violentar a lógica dos mercados. Ao contrário, o papel central do governo, ao tomar decisões no âmbito econômico, deve ser o de corrigir distorções e garantir que seja possível aproveitar ao máximo a capacidade autorreguladora dos mercados.

Esperamos ter alcançado o objetivo central de ampliar o interesse do leitor pela economia. Antes de mais nada, porque ela é uma ciência da vida prática e seus conceitos teóricos fundamentais são retirados do comportamento recorrente de cada um de nós na condução de nossos interesses mais diretos. Além disso, dado o dinamismo do ambiente econômico a que já nos referimos, a compreensão do funcionamento de uma economia de mercado é fator essencial para o posicionamento estratégico dos agentes.

Compreender os processos econômicos para poder antecipar-se a eles e, antecipando-se, poder gerir negócios com maior eficiência: este foi o lema que norteou a elaboração de *Economia aplicada*. Este é o ponto de chegada ao qual pretendemos ter conduzido você, leitor, porque, certamente, esta era sua expectativa ao iniciar o estudo de nossa disciplina.

Bibliografia

BLANCHARD, O. *Macroeconomia.* Rio de Janeiro: Campus, 1999.

DORNBUSH, R.; FISCHER, S. *Macroeconomia.* 5. ed. São Paulo: McGraw-Hill do Brasil, 1991.

FERGUSON, C. E. *Microeconomia.* Rio de Janeiro: Forense Universitária, 1991.

HALL, R. E.; TAYLOR, J. B. *Macroeconomia:* teoria, desempenho e política. Rio de Janeiro: Campus, 1989.

HENDERSON, J. M.; QUANDT, R. E. *Teoria microeconômica.* 3. ed. São Paulo: Livraria Pioneira, 1992.

LOPES, L. M.; VASCONCELLOS, M. A. S. *Manual de macroeconomia básico e intermediário.* São Paulo: Atlas, 2000.

MANKIW, N. G. *Macroeconomia.* Rio de Janeiro: LTC, 1995.

PINDYCK, R.; RUBENFELD, D. *Microeconomia.* 2. ed. São Paulo: Makron Books, 1994.

PINHEIRO, A. C.; MATESCO, V. R. Relação capital produto incremental: estimativas para o período 1948/1987. *Pesquisa e Planejamento Econômico*, Rio de Janeiro, v. 19, n. 3, dez. 1989.

ROSSETI, J. P. *Introdução à economia*. São Paulo: Atlas, 1989.

SACHS, J. D.; LARRAIN, F. B. *Macroeconomia*. São Paulo: Makron Books, 1998.

VARIAN, H. *Microeconomia:* princípios básicos. 2. ed. Rio de Janeiro: Campus, 1994.

VASCONCELLOS, M. A. S.; OLIVEIRA, R.G. *Manual de microeconomia*. 2. ed. São Paulo: Atlas, 2000.

Os autores

Antonio Carlos Pôrto Gonçalves

É doutor e mestre em economia pela Universidade de Chicago (EUA), engenheiro industrial e metalúrgico pelo IME, diretor executivo do FGV in company, professor titular de economia da EPGE (FGV) e professor titular de economia da UFF.

Robson Ribeiro Gonçalves

É mestre em economia pela Unicamp e bacharel em economia pela USP. Foi pesquisador do Ipea, professor do IBMEC e economista do Banco Central do Brasil. É professor do FGV Management.

Ruy Santacruz

É doutor e mestre em economia pela UFRJ, professor adjunto de economia da UFF, membro do Conselho Consultivo da Associação de Comércio Exterior do Brasil, membro do Conselho Deliberativo do Instituto Brasileiro de Estudos das Relações de Concorrência e de Consumo, ex-membro do Conselho Administrativo de Defesa Econômica, ex-coordenador da área industrial da Secretaria de Política Econômica do Ministério da Fazenda, professor e coordenador de cursos de pós-graduação e consultor de empresas.

Virene Roxo Matesco

É doutora em economia pela UFRJ, mestre em economia pela UnB, pesquisadora sênior do Ipea, diretora da Sociedade Brasileira de Estudos de Empresas Transnacionais e da Globalização Econômica (Sobeet), professora de economia e coordenadora de projetos. É autora de várias pesquisas, trabalhos e artigos publicados no Brasil e no exterior.